현대 경영학의 창시자

피터 드러커

현대 경영학의 창시자

피터 드러커

박선민 지음

자음과모음

차례

프롤로그

솟아오른 첨탑 사이로 붉은 해가 낮게 걸렸다. 여러 갈래로 나뉘는 구(舊) 시가지의 광장에는 화려한 장식을 벗어던진 세련된 오페라 극장과 레스토랑 건물들이 들어서 있었다. 날이 어두워지려면 아직도 한참이나 남았는데도 거리에는 구스타프 말러의 오페라를 감상하기 위해 모여든 사람들로 북적였다.

"아유…… 이번엔 꼭 제일 좋은 자리로 앉아야 돼요. 지난번엔 맨 뒤에 앉아서 눈이 얼마나 피곤했는지 모른다오."

"그러게요. 전 구스타프 말러 작품만 벌써 여러 번 봤는데도 질리지가 않아요."

한껏 멋을 부린 중년의 여성들이 오페라 극장 한 귀퉁이에 앉아 얼굴에 열심히 분칠을 해대고 있었다. 그중 한 중년 부인이 매표소 안으로 고개를 들이밀고 표를 사고 있었다. 이때 어딘가로 빠르게 뛰어가는 어린아이와 몸이 부딪혔다.

"어이쿠, 얘야. 앞 좀 똑바로 보고 다녀."

"죄송해요. 급하게 찾는 손님이 계셔서……."

아이는 숨을 헐떡이며 중년 부인의 말을 가볍게 받아치고는 가던 길을 다시 뛰어갔다.

언제부터인가 오페라 극장 주변 좁은 골목 안에는 소규모 양복점과 수공예품을 만드는 공장들이 속속들이 들어서고 있었다. 19세기 말 합스부르크 왕가는 여전히 건재해 있었지만 부를 거머쥔 시민 계급은 귀족들을 턱밑까지 추월해 오면서 사회의 새로운 지배 계층 문화를 바꾸어 놓고 있었다. 귀족 못지않은 경제력을 거머쥔 시민들은 밤마다 거리에 나와 왈츠를 추고 클림트의 〈키스〉나, 구스타프 말러의 오페라를 감상하면서 자연스럽게 세련과 지성미를 겸비해 가고 있었다. 얼마 전까지만 해도 단조로웠던 거리는 새로 급부상한 시민들의 활발한 움직임으로 늘 들썩였다. 하지만 도시의 어두운 뒷골목에서는 상하수도와 화장실조차도 제대로 갖추어지지 않은 채 근근이 하루를 버티며 살아가는 도시 빈민층도 있었다.

좁은 거리 안으로 요란하게 엔진 소리를 내며 포드 자동차가 들어섰다. 이제 막 보급이 시작된 터라 자동차를 소유한 사람들이 흔치 않던 시절이었다.

"어머, 저것 봐요. 요즘 유행하는 최신 자동차네."

"안에 사람이 앉아만 있는데도 저절로 움직이네."

구 시가지 안에 포드 자동차가 등장하자 사람들은 걸음을 멈추고 신기한 듯 기웃거리며 구경했다. 뒷좌석에는 빈의 시장인 조나단이 근엄한 표정을 짓고 앉아 있었고 자동차 앞 운전석에는 수행 비서가 핸들을 잡고 있었다. 조나단은 은근슬쩍 시민들의 반응을 즐기는 것 같았다. 강철을 입힌 검은색의 포드 자동차가 우렁차게 엔진 소리를 내자 주변 사람들은 놀라 한 발짝 물러섰다. 시장은 지금 지인에게 저녁 초대를 받아 가던 터였다. 운전석에 앉은 수행 비서는 차의 속도를 조금 더 올렸다.

후미진 골목에서 튀어 나온 한 아이가 가슴에 구두 한 켤레를 꼭 쥐고 어딘가로 바쁘게 달려가고 있었다. 후줄근한 옷차림을 했지만 안고 있는 구두는 반짝반짝 윤이 났다. 아이는 급한 마음에 길을 건너가려다 그만 포드 자동차를 제대로 보지 못하고 부딪히고 말았다. 아이가 공들여 닦아 온 구두가 바닥에 내동댕이쳐졌다. 차와 부딪혔는데도 아이는 바닥에 떨어진 구두를 안타까운 시선으로 바라보았다.

수행 비서가 운전을 멈추고 차창 밖으로 고개를 내밀고 고래고래 소리를 질렀다.

"꼬마야, 대체 눈을 어디다 두고 다니는 거냐! 너 때문에 오늘 새로 산 이 차가 지저분해졌잖아!"

사회가 격변기이긴 해도 여전히 신분에 따른 차별이 존재하던 때였다.

"죄송합니다. 죄송합니다."

아이는 자신이 무슨 잘못을 했는지도 모른 채 머리를 조아리며 죄송하다는 말만 반복했다.

이때 다섯 살 남짓한 꼬마가 사람들 틈을 비집고 나왔다. 꼬마는 이 구두닦이 소년이 오래전부터 자기 아버지의 구두 심부름을 하던 잭이란 사실을 단번에 알아차렸다.

"아저씨, 당장 차에서 내려와 이 아이에게 사과하세요."

"뭐라고?"

수행 비서는 갑자기 등장한 꼬마 아이를 빠르게 아래위로 훑어보았다. 고급스러운 정장을 입은 꼬마 신사였다. 수행 비서는 남루한 옷을 입은 구두닦이 소년과 꼬마 신사를 번갈아 보다 큼큼거리며 말을 이었다.

"보아하니 귀한 집 자제인 거 같은데 여기 일은 그냥 두고 가던 길이나 가세요."

"아니요. 그럴 수 없어요. 이 아이는 아버지의 심부름을 하는 잭이라고요."

아이의 목소리는 단호했다. 그리고 아이는 수행 비서의 감정이 조금 누그러지자 따져 묻기 시작했다.

"아저씨는 지금 이 아이가 차에 부딪혀 넘어졌는데도 사과도 안 하시잖아요."

"그거야……."

수행 비서는 머리를 긁적이며 조금 무안해했다.

"사람이 다친 게 중요하지, 차가 조금 흠집이 난 게 뭐가 중요한 가요?"

차 안에 앉아 듣고 있기가 불편했던지 시장은 차창 문을 빼꼼히 열고 둘의 대화에 끼어들었다.

"꼬마야, 지금 내가 이 아이에게 사과하면 되는 거니?"

"네. 당연하지요."

수행 비서는 빠르게 주변 사람들의 시선을 살폈다. 사람들도 한결같이 꼬마의 말이 옳다고 생각하는 눈치였다. 수행 비서는 시장의 체면이 무너진다고 한사코 안 해도 된다며 극구 시장을 말렸다. 하지만 시장은 차에서 내려 바닥에 쓰러져 있던 구두닦이 소년을 일으켜 세웠다.

"그래, 정말 미안하구나."

시장은 옆에서 구두닦이 소년을 두둔하고 나선 당돌해 보이는 꼬마 신사를 쳐다보았다.

"그런데 꼬마야, 넌 이름이 뭐니?"

"네. 저는 피터 드러커라고 합니다."

시장은 아이의 이름이 낯익었다. 자신이 지금 초대를 받은 집의 아들이었기 때문이었다. 그리고 비록 어린 나이지만 남을 먼저 헤아리고 자신의 의견을 두려움 없이 말할 줄 아는 용기가 기특하다고 생각하며 고개를 끄덕였다.

어린 시절 보였던 피터 드러커의 이런 성향은 훗날 그의 철학과 삶 속에도 뚜렷하게 나타나게 된다.

1장

유럽의 혼란기,
한 시대의 구경꾼 탄생

참혹한 재앙, 제1차 세계대전

고급스러운 정장을 말끔히 차려입은 아돌프 버트럼 드러커 앞에 반짝반짝 윤이 나는 구두 한 켤레가 놓여 있었다. 피터는 아버지를 따라 나왔다가 구두닦이 소년 잭이 골목길 끝으로 사라지는 모습을 흐뭇한 미소로 지켜보았다. 아돌프 버트럼 드러커는 평소처럼 잘 닦여진 구두를 신고 형형색색의 불을 밝히고 흥겨운 음악이 흘러나오는 저택 안으로 다시 들어갔다.

피터 드러커는 1909년 11월 19일 오스트리아의 고위 공무원인 아돌프 버트럼 드러커와 캐롤라인 본디 사이에서 첫 번째 아들로 태어났다. 아버지 아돌프 버트럼 드러커는 오스트리아 경제학파 출신으로 1902년부터 1920년까지 간간이 빈 대학교에 출강하여 학생들을 가르쳤다. 빈 대학교는 뵘바베르크와 프리드리히 비저 등의 유능한 경제학자를 배출해 냈는데, 그가 가르친 제자들 중에는 루드비리 폰 미제스, 조지프 슘페터, 프리드리히 하이에크 등이 있었다. 이들은 훗날 피터 드러커에게도 영향을 끼쳤다. 어머니 캐롤라인 본디는 오스트리아에서 최초로 의학을 공부한 여성으로 프로이트의 제자이기도 했다. 또 할아버지는 은행가였고 할머니는 피아니스트 클라라 슈만의 제자였다. 드러커라는 성은 원래 네덜란드어로 인쇄업자를 의미하는데, 그 집안의 조상은 먼 옛날 암스테르담에서 전통적으로 인쇄업을 운영한 가문이었다.

대저택의 넓은 정원에서는 피터의 어머니가 주최하는 '의학과 정신 분석에 대한 강연'이 열리고 있었다. 푸르른 잔디 위에는 다과상이 조촐하게 차려져 있고 그 정원에는 각계각층에서 모여든 인사들로 발 디딜 틈이 없었다. 아돌프 버트럼 드러커는 당시 오스트리아의 고위 공무원이었다. 그래서 그의 집에서는 각계 인사가 모이는 파티가 자주 열렸다.

다섯 살밖에 안 된 피터는 잰걸음으로 이곳저곳을 기웃거리며 어른들이 나누는 대화를 귀동냥하느라 바빴다. 음료수가 마련된 탁자 밑에 들어가 대화를 엿듣는가 하면 어른들의 뒤꽁무니를 졸졸 따라다니며 궁금한 점을 묻기도 했다.

"전 지난번 프로이트가 쓴 『꿈의 해석』을 아주 흥미롭게 읽었어요."

"그러게요. 이성이 인간 정신의 중심인데 무의식이 우리의 정신을 움직이게 만든다니…… 그리고 그런 인간의 내면이 그대로 꿈으로 나타난다니…… 이걸 어디까지 믿어야 할지……."

프로이트는 먼 훗날 심리학, 정신의학뿐만 아니라 사회학, 사회심리학, 문화인류학, 문예 비평에도 큰 영향을 끼쳤다. 하지만 이성이 인간 정신의 중심이라고 믿고 있던 당시 사람들에게 정신분석학은 생소한 분야였다. 때문에 사람들은 한창 뜨거운 논쟁을 불러일으키던 프로이트에 관심이 많았다. 모이기만 하면 그가 집필한 책이며 연구 분야가 연신 화젯거리로 오르내렸다. 더군다나 자신의 어머니를 비롯해 집안에 의사 출신이 많았던 피터로서는 프로이트가 더욱 특별하게 느껴졌다. 피터는 어머니가 프로이트가 쓴 『꿈의 해석』 초판을 소장하고 있다는 것을 알고 있었다.

"프로이트 아저씨가 말하는 꿈과 우리가 매일 자면서 꾸는 꿈이 어떻게 달라요?"

피터가 불쑥 질문을 던졌다. 피터는 이미 이들 사이에서 유명한 꼬마였다. 궁금한 게 있으면 꼭 묻고 그 답을 알아낼 때까지 쉽게 자리를 뜨지 않았다. 조금이라도 답이 늦으면 바로 다음 질문이 쏟아져 당해 낼 재간이 없었다. 어른들 중 한 명이 피터가 궁금해하는 것을 차근차근 설명해 주었다.

"프로이트는 우리가 잠들었을 때 꾸는 꿈속에 우리가 바라는 일이나 행동이 드러난다고 믿는단다."

피터는 그 이야기를 듣고 고개를 끄덕였다.

"정말 재밌는 이야기네요. 그럼 오늘 제가 안 좋은 일을 겪으면 그 일도 꿈으로 나타나겠네요. 자면서 한번 생각해 볼게요. 프로이트 아저씨의 말이 참말인지, 거짓말인지……."

주변에 모인 어른들이 피터의 말을 듣고 한바탕 웃음을 터뜨렸다. 피터가 어려서부터 자주 접했던 파티 문화 속에는 다양한 분야의 사람들이 많았다. 피터는 이들을 만나면서 자연스럽게 세상에 대한 관심과 지적 호기심을 충족시킬 수 있었다.

파티장을 한 바퀴 돌고 출출해진 피터는 다과상에 놓인 갓 구워 낸 쿠키를 한입 베어 물었다. 그런데 갑자기 사르르 배가 아파 왔다. 피터는 먹던 쿠키를 그대로 둔 채 두 손으로 배를 움켜쥐고 화장실로 향했다.

긴 복도 끝 화장실 문틈 사이로 가는 빛 한 줄기가 새어 나오고 있었다. 피터가 벽 귀퉁이 온수 배관에 귀를 대고 있었다. 볼일을 보고 나오려다 말고 누군가의 대화를 엿듣는 것이었다. 화장실 위층은 서재였는데 이따금 따뜻한 온수 배관으로 아버지와 친구들이 나누는 대화가 전달되곤 했다. 세상에 대한 호기심으로 가득했던 피터는 가끔 이곳에서 어른들만의 비밀을 주워듣는 재미를 즐기곤 했다.

"이보게, 앞으로 엄청난 일이 일어날 걸세. 그 일은 단순히 오스트리아만의 문제가 아니야. 세기를 뒤엎을 만한 전쟁이지. 두고 보라고."

"글쎄, 난 그렇게 생각하지 않네. 전쟁이 나 봐야 이웃 나라 분쟁 정도밖에 되지 않겠나?"

긴 배관을 타고 들려오는 아버지와 유명한 법률가인 이모부의 목소리가 여느 때보다 심각했다. 피터의 아버지는 이모부 한스의 말을 대수롭지 않게 여기는 것 같았다. 하지만 이모부는 무엇인가 위험한 일을 예견하고 있었다. '세기를 뒤엎을 만한 전쟁'이라니? 피터는 이때까지만 해도 이야기의 뜻을 다 알 수 없었다. 피터 드러커는 제1차 세계대전이 발발하기 5년 전에 태어났고, 아버지와 이모부가 나눈 이야기는 바로 이 전쟁에 관한 것이었다.

"탕! 탕!"

1914년 6월 28일 두 발의 총성이 조용했던 사라예보 하늘을 뒤흔들어 놓았다. 이날 오스트리아 황태자 부부는 사라예보에서 육군 행사를 지켜보고 돌아가던 길이었다. 호화로운 승용차가 사라예보의 구름다리를 막 건너려던 순간 길모퉁이에 숨어 있던 세르비아 민족주의 결사조직원인 가브릴로 프란치프가 쏜 두 발의 총에 맞아 나란히 암살을 당한 것이었다. 그는 평소 세르비아인임에도 오스트리아 국적을 가지고 살아가는 현실에 대해 큰 불만을 품고 있던 청년이었다. 이때까지만 해도 이 열아홉 살 청년이 쏜 두 발의 총성이 제1차 세계대전의 기폭제가 되리라곤 상상하지도 못한 일이었다.

이 배경 뒤에는 20세기의 괴물인 제국주의가 도사리고 있었다. 산업혁명을 통해 부를 축적한 강대국들은 지구촌 곳곳을 식민지화해 나가고 있었다. 식민지로 더욱 부유해진 강대국들은 서로 신경전을 벌이며 기회만 닿으면 얼마든지 동맹을 맺어 전쟁을 벌일 태세였다. 이 와중에 오스트리아의 황태자와 황태자비가 유럽의 화약고인 발칸 반도에서 세르비아 청년에게 암살되는 사건이 발생했던 것이다.

오스트리아 재무성 장관 출신인 피터 드러커의 아버지는 모처럼 지중해 아드리아 해변 별장에서 가족들과 함께 휴가를 즐기고 있었다. 강렬한 햇빛에 달궈진 모래밭 너머로 코발트빛 바다가 반짝이며 춤추고 있었다. 짧은 면 가운을 가볍게 받쳐 입은 아돌프 버트럼 드러커는 가족들과 함께 해변에 누워 책을 읽으며 한가한 오후를 만끽했다. 오랜만에 따사로운 햇볕이 온몸에 쌓여 있던 피로를 단숨에 풀어 놓는 것 같았다.

이때 아돌프는 뜻하지 않은 불길한 전보 하나를 받았다. 전보의 내용은 불쾌할 정도로 짧고 간단했다.

'오스트리아 황태자 부부 암살. 급히 귀국 요망.'

이 전보는 오후의 망중한을 단숨에 깨 버렸다. 황태자가 사망하다니, 전보를 받자마자 아돌프는 조금 전의 낭만적인 코발트 해변이 절망적인 잿빛으로 돌변하는 것처럼 느껴졌다. 당시 빈에 있던 상관은 기껏해야 외교 분쟁 정도일 거라며 아돌프를 진정시켰지만 전보를 받아 든 그의 마음은 편치 않았다.

아돌프와 가족들은 바로 귀국 준비를 서둘렀다. 가볍게 날아온 휴양지였지만 돌아갈 때는 기차를 여러 번 갈아타야만 했다. 돌아가는 동안 아돌프의 머릿속에는 얼마 전, 한스가 한 말이 떠나지 않았다. 이 사건은 그의 말처럼 앞으로 닥칠 거대한 전쟁의 예고일 수도 있었다. 황태자 부부가 암살당한 일은 나라의 운명이 걷잡을 수 없는 소용돌이에 휩싸일 수 있다는 것을 뜻했기 때문이다.

처음에는 유럽의 정치가나 외교관들도 오스트리아 황태자 부부의 암살 소식을 단순한 국제 분쟁으로 생각했다. 하지만 오스트리아는 달랐다. 이를 세르비아 왕국과 범슬라브주의자들이 벌인 것으로 단정 짓고 보복을 결심했다. 독일로부터 모든 지원을 다하겠다는 약속을 받은 오스트리아-헝가리는 1914년 7월 23일 세르비아에 내정 간섭을 요구하는 최후통첩을 보냈고, 요구 조건의 대부분을 수용하겠다는 세르비아의 협상에도 불구하고 7월 28일 선전 포고를 했다. 제1차 세계대전의 시작이었다.

오스트리아와 세르비아 사이에 드리워진 먹구름은 순식간에 유럽 전역을 전쟁의 공포로 몰아넣었다. 유럽은 나폴레옹 전쟁 이후 근 100년 동안 큰 전쟁 없이 평화로운 시기를 보냈던 터라 이 전쟁이 이전 전쟁과 어떻게 다를지 전혀 예상하지 못하고 있었다.

아돌프 버트럼 드러커는 아침 일찍 파자마 바람으로 거실 소파에 앉아 신문을 읽고 있었다. 무릎에는 어린 아들 피터가 앉아 있었다. 아돌프는 신문 1면의 기사보다 2면 아래쪽에 실린 전사자 부고란을 더욱 자세히 읽었다. 당시 빈에는 집집마다 전선에 나가 싸우는 가족이나 지인들이 있었기 때문이다. 부고란을 훑어보는 아돌프의 눈빛은 참혹하기 그지없었다. 어린 피터는 아무것도 모른 채 전사자 명단을 더듬더듬 읽어 나갔다.

"조세프 마리, 알마 디런……."

"……."

피터는 한창 말문이 트이고 글자에 관심이 많았다. 그래서 부고란에 실린 어느 전사자의 이름을 작은 손가락으로 한 자씩 짚어 가며 읽고 있었다. 피터는 몇 마디 더듬거리고는 슬쩍 아버지의 표정을 살폈다. 아버지는 어느새 입에 물었던 파이프를 바닥에 조심스레 내려놓고는 창밖을 멍하니 응시했다.

어떤 날은 신문에 실린 기사보다 부고란이 더 넓은 지면을 차지했다. 아버지는 전사자 명단에서 그리운 사람의 이름을 발견했는지 기삿거리를 미처 다 읽기도 전에 신문을 접고 자리에서 일어났다.

한동안 큰 전쟁을 치러 보지 않은 사람들은 지난 전쟁의 참상은 까맣게 잊고 조국을 위해 피를 흘리는 것을 두려워하지 않았다. 제1차 세계대전으로 더욱 고조된 민족주의는 명분을 내세워 전쟁을 부추기기에 더할 나위 없이 좋은 기회였다. 과학 기술로 무장한 현대 전쟁은 기존의 창과 칼을 든 옛날 전쟁과는 비교도 할 수 없을 정도로 참혹한 재앙이었다. 제1차 세계대전의 규모가 점점 확대되자 전쟁에 참전했던 수많은 젊은이가 전사자가 되어 신문 지면을 뒤덮었다. 아돌프는 매일 신문 부고란을 펼치는 것이 곤혹스러울 지경이었다. 제1차 세계대전은 19세기까지 쌓아온 모든 가치를 등진 채 전쟁에서 이기기 위해서라면 자신들이 축적해 온 과학과 기술을 총동원해 민간인 학살도 서슴지 않는 야수성만을 드러내고 말았다.

피터 드러커는 1986년 출간된 저서 『경영의 프론티어』에서 당시를 이렇게 회상했다.

"그것은 내가 기억하고 있는 최초의 사건이었다. 신문에 전사자 소식이 끊임없이 게재되었다. 그것이 바로 내가 성장한 세상이고, 어떤 가치를 가졌든 최후를 맞이한 그날이 내 뇌리 깊숙한 곳에 박혀 있다. 그 이후에도 세상은 더 좋은 쪽으로 변한 적이 없었다."

한 시대의 외톨이 구경꾼이 탄생하다

제1차 세계대전에 패한 오스트리아에게 물가 폭등은 피해 갈 수 없는 일이었다. 오스트리아의 유명한 호텔과 레스토랑 사이에는 암시장이 형성되었다. 빈은 전쟁 중에는 그나마 심한 굶주림에 시달리지 않았지만 언제부터인가 고기나 최소한의 달걀조차도 구하기 어려운 단계에 이르렀다. 텅 빈 시장 뒷골목의 정육점에 걸린 고기는 대부분 육질이 형편없었고 먹기 힘든 부위만 남아 있을 뿐이었다.

"아이고, 저 넓적다리 살점이라도 사 가야겠어."

"얼마요?"

"내가 먼저 왔으니 저 고기는 내 거예요."

정육점 앞을 지나다가 안에 고기가 조금이라도 걸려 있는 날에는 사람들이 서로 쟁탈전을 벌이며 싸울 정도였다. 돈의 가치가 형편없이 떨어져 한 트럭의 돈을 주어도 고기 한 덩이 구할 수 없는 일이 비일비재했다.

폐허나 다름없는 이곳에도 크리스마스는 왔다. 폭격에 무너져 내린 외벽, 여기저기 쌓인 고철 더미로 거리의 풍경은 무척 을씨년스러웠다. 이런 모습을 감추기라도 하려는지 하얀 눈이 소복이 쌓였다. 골목 뒤에 자리 잡은 저택에서는 조촐하게나마 어린이들을 위한 크리스마스 파티가 열리고 있었다. 간헐적으로 포성 소리가 들려왔지만 저택에 모인 사람들은 크게 개의치 않는 눈치였다.

사람들은 거실에 모여 앉아 가볍게 와인 잔을 부딪치며 파티를 즐기고 있었다. 적어도 그들은 세상 밖에서 벌어지는 전쟁의 폐허와는 거리가 멀어 보였다. 이날 화제가 된 것은 '악당 크란츠 암거래 사건'이었다. 피터가 여덟 살이 된 해 가을 오스트리아 빈에서 최상급 호텔과 레스토랑의 소유주들이 줄줄이 암거래 혐의로 체포되었다. 크란츠 레스토랑은 전쟁 전 최고급의 육질만을 취급했는데, 전쟁이 터지자 암거래 시장에서 식당에서 쓸 고급 육류를 구입했다. 때문에 당국에 고발당한 것이다. 비싼 고기 가격으로 빈 재정을 메우고자 호텔 숙박료나 레스토랑의 봉사료를 올렸기 때문에 사회적으로 문제가 되었다.

파티장의 한쪽에 모여 있는 아이들도 크란츠의 암거래 사건에 대해 이야기하고 있었다. 그중에는 어린 피터도 끼어 있었다. 당시 빈의 시민들은 전선에 가족이나 친구를 보내 놓은 경우가 많았다. 때문에 아이나 어른 할 것 없이 전쟁에 관한 사건들이라면 모두 민감하게 받아들일 수밖에 없었다. 어려서부터 사물을 관찰하는 것을 좋아했던 피터가 이런 순간을 그냥 지나칠 리가 없었다. 파티에 모인 또래의 친구들 중 누군가가 피터에게 물었다.

"피터, 넌 크란츠를 어떻게 생각해?"

단정하게 멜빵바지를 입은 피터는 김이 모락모락 나는 안심 스테이크를 입안에 넣고 한참을 오물거리다 냅킨으로 입가를 가볍게 닦아 내며 말했다.

"난 꼭 레스토랑 주인 아저씨가 잘못했다고 생각하진 않아."

아이들은 다들 피터의 말에 하던 행동을 멈추고 놀란 표정으로 바라보았다. 피터는 계속 말을 이어 나갔다.

"내가 스테이크를 먹고 싶은데 레스토랑 아저씨가 고기를 못 구해서 못 먹으면 어떡해. 암시장에서 고기를 구해 온 건 잘못이지만 그렇다고 고기가 없어서 찾아온 손님들을 돌려보낼 순 없잖아? 전쟁 때문에 고기를 못 구하는데 그럼 식당에 온 손님들을 그냥 돌려보내야 해? 비싸면 안 사 먹으면 되고, 사 먹을 돈이 있는 사람한텐

비싸도 팔 수 있는 거 아닌가?"

또래 친구들뿐만이 아니라 주위에서 대화를 지켜보던 어른들까지도 피터에게 곱지 않은 시선을 보냈다. 피터는 모두가 사회의 악이라고 생각하는 크란츠를 오히려 변호하고 나선 셈이었다. 피터는 크란츠가 법을 어떻게 어겼는지는 잘 알지 못했다. 하지만 평소의 소신대로 레스토랑의 주인으로서 고객과의 약속을 지켜야 한다는 책임을 다한 거라고 생각했다. 피터의 말은 속사포처럼 계속 이어졌다.

"자, 다시 한 번 생각해 봐. 크란츠는 전쟁 중인데도 매일 레스토랑에 찾아오는 손님들과의 약속을 지키려고 비싼 고기를 살 수밖에 없었어. 손님들이 그 레스토랑에 왔을 때는 음식에 대해 어느 정도 기대를 하고 온 거잖아. 그 대가로 식사를 한 손님들은 돈을 지불했던 거잖아. 전쟁 중에도 누군가는 그 고기를 간절히 필요로 한다고. 그런 사람이 없다면 지금 우리가 전쟁 중에도 이렇게 파티를 즐기며 스테이크를 먹고 있을 수 있겠어?"

피터가 하던 말을 멈췄을 때는 주변에 모여 있던 아이들이 모두 토끼 눈을 뜨고 피터를 바라보았다. 옆 테이블에서 스테이크를 즐기던 어른들도 겸연쩍어하면서 접시 위에 포크를 내려놓았다. 말은 하지 않았지만 크란츠를 변호하는 피터를 불편해하는 것 같았다. 조금 전만 해도 웃고 즐기던 파티장이 갑자기 조용해졌다. 하지만 피터는 크게 개의치 않았다. 피터는 아직 어려서 전쟁 후 암시장이 사회에 어떤 영향을 미치는지는 잘 몰랐지만, 크란츠에 대한 생각만큼은 분명했다.

그때 사람들 틈에서 사내 한 명이 한쪽 다리를 절름거리며 나타났다. 아이들을 위해 크리스마스 파티를 연 장본인이자 친구 비비의 아버지였다. 그는 전쟁에서 왼쪽 눈의 시력을 잃었고, 다리를 다쳤다. 실은 이 크리스마스 파티를 연 데에는 포탄이 날아드는 참혹한 전쟁터에서 홀로 살아 돌아온 것을 자축하기 위한 속내도 슬쩍 담겨 있었다. 그런데 어린 꼬마 한 명이 모처럼의 파티 분위기를 썰렁하게 만들자 살짝 기분이 상했던 것이다. 그는 다짜고짜 피터를 몰아세우듯 말을 쏟아 냈다.

"꼬마야, 네 생각은 아주 독특하구나. 물론 네가 한 말이 옳을 수도 있지만 그게 여기 모인 모든 사람의 생각이라고 확대 해석하지 마라. 그건 이 자리에 있는 사람들을 혼란에 빠뜨리는 거나 마찬가지야. 여기 모인 사람들은 너와 전혀 다른 생각을 가졌을 수도 있지. 그러면 넌 여기 모인 사람들과 네 친구들에게 따돌림을 당할지도 모른다. 그리고 식사할 때는 예의는 갖추도록 해라. 네가 최소한 여기 모인 사람들을 존중한다면 말이다. 알겠니?"

비비의 아버지는 말할 때마다 뜨거운 콧김을 내뿜었기 때문에 아래쪽 가까이에 있던 피터의 볼이 화끈거렸다. 속사포처럼 말이

빨라질 때마다 인공눈을 한 왼쪽 눈동자가 불안하게 흔들리더니 얼굴 표정까지 묘하게 일그러졌다.

비비의 아버지는 전쟁 중에 겨우 목숨을 건져 돌아온 몇 안 되는 상이용사였다. 그런 그에게 아직 세상을 겪어 보지 못한 애송이가 쏟아 내는 말이 너무나 어설퍼 보였을 것이다. 그래도 피터는 자신의 생각을 굽히지 않았다. 남들과 다른 시각으로 세상을 바라보는 자신이 잘못되었다고도 생각하지 않았다. 피터는 비비의 아버지를 똑바로 쳐다보며 맹랑하게 말했다.

"아저씨, 충고는 고맙게 잘 받아들일게요. 하지만 식사 예절을 갖추는 것보다는 우리가 어떻게 지금 이 스테이크를 먹고 있는지를 아는 게 더 중요한 거 같은데요. 제 생각에는 변함이 없어요."

파티에 모인 사람들이 두 사람의 다음 행동을 숨죽이며 지켜보았다. 비비의 아버지는 어설픈 애송이가 내뱉는 말이 우스워 보였는지 아무런 대꾸도 하지 않고 파티장 밖으로 나가 버렸다.

'어쩌면 이런 것이 남들과 다른 생각을 가진 구경꾼이 겪을 수밖에 없는 숙명이 아닐까?' 친구의 아버지에게 훈계를 들은 후 피터는 어렴풋이 그런 생각을 했다.

가난해진 길드의 후손, 벼랑 끝에 서다

대저택의 복도 끝에서 헝클어진 머리를 뒤로 질끈 묶고 힘없이 절뚝거리며 한 노인이 걸어왔다. 바로 피터 드러커의 할머니였다. 할머니는 거실 중앙에 놓인 피아노 앞에 앉았다. 먼지가 쌓인 피아노 선반 위를 입으로 후~ 불어내고 건반 위에 주름진 손을 올려놓았다. 그녀는 슈만의 〈피아노 협주곡 A단조〉를 연주하기 시작했다. 감미로운 피아노 선율이 텅 빈 저택 안에 구슬프게 울려 퍼졌다.

피터 드러커의 집안도 제1차 세계대전의 후유증을 피할 수는 없었다. 금융업에 종사하던 피터의 할아버지는 할머니에게 막대한 유산을 남겼지만, 인플레이션은 유가 증권을 하루아침에 휴지 조각으로 만들었다. 얼마 전까지만 해도 저택에는 같이 사는 일꾼들이 집주인을 극진히 받들어 모셨다. 그러나 이제 피터의 할머니만 홀로 남겨졌다. 일꾼들은 모두 도망가고 유령 같은 빈집을 찾아드는 것은 이따금씩 불어오는 바람과 스산한 달빛뿐이었다. 할머니는 하녀가 쓰던 쪽방에 기거하며 큰 집을 홀로 지켜 나갔다.

집안의 사람이 하나둘씩 사라져 갈 때나 간간이 끼니가 여의치 않을 때마다 그녀는 이 피아노 앞에 앉아 연주를 했다. 그것만이 비참한 현실을 위로받을 수 있는 유일한 탈출구였다. 지금은 비록 늙고 왜소했지만 젊은 시절 그녀는 피아니스트 클라라 슈만의 유능한 수제자였다. 당시 양갓집 규수에게는 연주자란 직업이 허용되지 않았기 때문에 가끔씩 명사들에게 연주 요청을 받는 것으로 만족해야만 했다. 그녀는 피아노를 치다 잠시 눈을 감고 어느 행복했던 시절을 상기했다. 깊게 주름 잡힌 그녀의 눈가에서 한 줄기 굵은 눈물이 흘러내렸다.

'이제 행복한 시절은 다 지나간 건가?'

호탕한 성격의 남편은 평생 다른 여자 뒤꽁무니를 쫓아다녔고, 그런 남편 뒤에서 그림자처럼 살아온 세월의 보상은 그가 남긴 재산이 전부였다. 그런데 그것이 하루아침에 휴지 조각이 되어 버린 것이다. 그러자 일하는 사람들도 서둘러 그녀 곁을 떠나 버렸다. 그녀는 콧잔등을 타고 흐르는 눈물을 옷소매로 쿡쿡 찍어 눌렀다. 불현듯 지나간 세월이 야속하고 자신의 신세가 처량하게 느껴졌다.

피터의 할머니는 피아노 의자에 걸터앉아 이런저런 생각을 하다가 잔기침을 뱉어 냈다. 더는 피아노 앞에만 머무를 수 없었다. 평생을 살면서 단 한 번도 혼자 장을 보러 간 적이 없었는데, 이제 장을 봐주고 식사를 준비해 줄 하녀가 없으니 자신이 몸을 움직여야만 했다.

이윽고 그녀는 결심한 듯 외출 준비를 했다. 직접 장을 보기 위해서였다. 먼저 장롱 안에서 오래되고 낡은 짐 가방을 힘들게 끌어냈다. 가방의 네 귀퉁이가 볼품없이 헐어 있었다. 팔순이 넘은 할머니는 가방의 먼지를 툴툴 털어내고 그 안에 돈뭉치를 가득 채워 넣었다. 두 번 걸음을 하지 않으려면 가방에 최대한 많은 지폐 뭉치를 넣어야 했다. 그녀는 가방의 네 귀퉁이가 돈뭉치로 빵빵해진 것을 확인하고 나서야 지팡이를 들고 긴 외투를 걸치고 거리로 나섰다.

피터의 할머니는 네덜란드의 길드라는 장인 조합에 속한 비단 상인의 후손이었다. 할머니는 길드의 후손답게 19세기의 르네상스적인 사고방식이 몸에 밴 사람이었다. 집안 대대로 비밀스럽게 전해 내려오던 자신들만의 숙련된 기술을 제일 자랑스러워했다. 그들은 스스로 삶을 개척할 줄도 알았고, 자신의 올곧은 생각과 행동을 표현하는 것에 대해서도 서슴지 않았다.

할머니는 주머니 속에서 경제학자인 피터의 아버지가 챙겨 준 '물건 가격 환산표'를 꺼내 들었다.

"밖에 나가서 절대로 실수하면 안 돼."

그녀는 혼잣말로 이렇게 되뇌면서 달걀을 구할 방법을 찾았다. 어두운 골목 옆으로 끝이 보이지 않는 줄이 복잡하게 서 있었다. 사람들은 전쟁이 터지자 수단과 방법을 가리지 않고 물건을 구하는 데 혈안이 돼 있었다. 그녀는 줄에 서서 지병으로 인해 퉁퉁 부은 손과 다리를 연신 주물러 가며 차례가 오기를 기다렸다. 자신의 차례가 되자 할머니는 필요한 달걀의 개수를 말하며 지폐를 정확히 지불하려 했다.

"달걀이 한 꾸러미가 얼마요? 이 정도면 되겠소?"

피터의 할머니는 식료품 가게 주인 앞으로 많은 돈을 꾹꾹 눌러 담아 온 가방을 들이밀었다. 순간 말을 더듬었지만 다시 차분함을 되찾으려 애썼다.

"할머니, 지금 이 돈으로는 곤란합니다."

"정말이오? 그럴 리가요?"

식료품 가게 주인의 말에 할머니의 눈이 휘둥그레졌다. 그리고 잠시 후 주머니에 넣었던 꼬깃꼬깃한 화폐 단위 환산표를 꺼내 슬쩍 들춰 보았다. 밖에 나가 물건을 살 때 쓰라고 아들이 만들어 준 화폐 단위 환산표는 가게 주인이 부른 값과 상상할 수도 없을 정도로 벌어져 있었다. 할머니는 애절한 심정으로 힘겹게 끌고 온 돈 가방을 가게 주인 앞으로 내밀었다.

"자, 이 정도면 되겠소?"

가게 주인은 할머니가 들이민 돈 가방을 슬쩍 곁눈질하고는 피곤한 표정을 지어 보였다.

"아뇨. 이 돈으로는 곤란합니다. 자, 다음 분이요?"

달걀을 구하려고 줄을 서 있던 사람들은 하나같이 피터의 할머니를 힐끔거리며 어서 비키라는 표정들을 지었다.

"거 좀 안 살 거면 빨리 비켜요!"

참다못한 누군가가 머뭇거리는 할머니의 등 뒤에 대고 소리를 버럭 질렀다. 할머니는 걸음을 옮기다 말고 천천히 고개를 들어 뒤를 돌아보았다. 그곳에는 할머니보다도 훨씬 더 젊고 체격이 좋은 이들이 유모차나 빨래 바구니에 돈을 가득 담아 가지고 기다리고 있었다. 돈의 가치가 더 떨어지기 전에 물건을 사기 위해 이곳으로 몰려든 사람들이었다. 작은 식당에서 주문을 하고 메뉴를 준비하는 동안에도 가격이 수백 배로 뛰어오르는 시기였다. 이런 상황에서 돈을 움켜쥐고 있는 것은 바보들이나 하는 짓이었다. 빠르게 화폐의 가치가 하락하는 상황에서 현금을 가지고 있으려는 사람은 아무도 없었다.

피터의 할머니는 자신이 가져온 돈으로 달걀을 구하긴 틀렸다고 판단했다. 겨우 돈 가방을 챙겨 지푸라기라도 잡는 심정으로 힘겹게 찾아왔건만 소용이 없었던 것이다. 돈 가방이 자신의 처량한 신세처럼 커다란 짐같이 느껴졌다. 한편으론 가게 주인이 지금 자신을 속이는 것은 아닌지 의심이 들기도 했다. 피터의 할머니는 달걀 꾸러미를 눈앞에 두고 다시 힘든 걸음을 되돌렸다.

집으로 돌아가는 내내 골목에서는 사람들의 온기라곤 전혀 찾아볼 수 없었고, 폐허가 된 빈 집들만이 유령처럼 주인을 기다리고 있었다. 골목을 돌자 아이들이 다 쓰러진 담벼락 옆에서 돈다발을 벽돌처럼 높이 쌓아 놓고 지폐로 딱지를 접어 장난감 삼아 놀고 있었다. 피터의 할머니는 자신이 힘겹게 끌고 오던 돈 가방을 옆에 가만히 세워 놓고 주위를 둘러보았다. 거리에서는 여기저기서 지폐 뭉치가 먼지처럼 날아다녔다. 그리고 한편에서는 거리의 낙엽들과 함께 돈뭉치들이 쓰레기가 되어 하늘 높이 불태워지고 있었다.

할머니는 순간 정신이 혼미해졌다. 그녀는 한동안 거리에서 돈들이 불태워지는 광경을 멍하니 바라볼 수밖에 없었다. 그녀는 돈 가방을 겨우 붙들고 정신을 차리려고 애쓰다 그만 바닥에 철퍼덕 다시 주저앉아 버렸다. 집 밖의 세상은 그녀가 생각했던 것보다 훨씬 더 많은 가치를 상실하며 빠르게 변해 가고 있었다. 그녀가 손에 쥐고 돌아온 건 절망뿐이었다.

할머니가 겨우 집에 도착해 현관문을 열자 피터 드러커가 달려와 할머니의 품에 와락 안겼다. 그 뒤에는 피터의 아버지가 서 있었다.

"어머니, 이렇게 혼란할 때는 제발 혼자 다니지 마시라고 말씀드렸잖아요."

할머니는 자신의 아들이 하는 말을 듣는 둥 마는 둥 하며 말했다.

"괜찮다. 내 비록 고장 난 몸이긴 하지만 아직까지 두 다린 쓸 만하거든."

피터의 아버지는 할머니에게 더 바싹 다가와 걱정 어린 말투로 말했다.

"어머닌 세상 물정을 모르셔서 더 걱정된다고요."

"……."

할머니는 집 안에 들어온 내내 얼이 나가 있는 표정이었다. 그녀는 자신의 호주머니에서 꺼낸 화폐 단위 환산표를 구겨서 휴지통에 던져 버렸다. 피터의 아버지는 어머니의 행동을 의아하게 쳐다보고 있었다. 어린 피터가 보기에도 평소 자신이 알고 있던 유쾌하고 발랄한 할머니의 모습은 온데간데없어 보였다.

"네가 애써서 만들어 준 것이지만 이젠 다 소용이 없더구나."

그것은 어머니가 못 미덥고 불안해서 만들어 준 화폐 단위 환산표였다. 피터의 아버지는 어머니의 행동을 보고 분명히 자신의 어머니가 세상 밖에 나가 보아서도 겪어서도 안 되는 험한 일을 몸소 겪고 왔다는 것을 짐작할 수 있었다.

"제가 그래서 외출을 삼가라고 한 거였는데……."

피터의 아버지는 말끝을 흐렸다.

"숨어 지낸다고 해서 능사는 아니지. 내가 못 본다고 해서 못 느낀다고 해서 세상에 달라질 게 뭐가 있겠니? 오히려 세상이 이렇게 돌아가는 걸 눈으로 확인하고 나니 속은 후련하구나."

할머니의 삶은 이미 오래전에 고장 난 시계처럼 멈춰 있는 듯했다.

오스트리아는 1892년에 '크로네'란 통화로 바뀌었고, 전쟁이 나자 극심한 인플레이션으로 인해 화폐 가치가 계속 하락해 새로운 화폐 단위가 등장했는데 그것이 바로 '실링'이었다. 다른 사람들은 화폐 단위에 금세 적응했지만 모든 게 19세기에서 멈춰 버린 할머니에게는 적응이 쉽지 않았다. 할머니가 셈을 한다면 물건 가격에 2700을 곱하고 5로 나눈 다음 다시 4로 나누는 식으로 해야 겨우 할머니의 사고방식이 멈춰 버린 시점과 같은 가격이 되었다. 할머니는 복잡하다며 귀찮아 하는데도 피터의 아버지는 얼마 전에 할머니가 쉽게 셈을 할 수 있도록 화폐 단위 환산표를 만들어 준 것이었다. 할머니는 거실 소파에 철퍼덕 주저앉았다. 그러자 온몸에 식은땀이 흐르고 곧 노곤해져서 아들에게 짧은 푸념을 늘어놓았다.

"애야, 더 끔찍한 게 뭔지 아니? 전에는 손에 물 한 방울 묻히지 않던 내가 시내 장사치들과 말을 섞고 달걀을 사 오려고 했다는 사실이야. 알겠니?"

할머니는 호주머니에서 곱게 수가 놓인 흰 손수건을 꺼내 한쪽으로 얼굴을 돌리고 눈물을 훔쳤다. 그러고는 곁에 앉아 있던 피터의 머리 위를 한 손으로 쓸어내리며 말했다.

"피터야. 나야 얼마 안 있으면 네 할아버지한테로 가겠지만 넌 이 어지러운 세상에서 강하게 끝까지 잘 살아남아야 한다."

"네, 할머니. 명심할게요."

피터는 자신을 향해 애잔한 미소를 짓는 할머니를 한참 동안 바라보았다. 할머니의 표정에 고단함과 서글픔이 깊게 서려 있었다.

아들과 손주 피터가 돌아간 후 할머니는 하녀가 쓰던 쪽방에 쭈그리고 앉아 조카딸 결혼식에 불참할 수밖에 없음을 알리는 전보를 보냈다.

'무한한 행복이 함께하기를……'

할머니는 몇 개 안 되는 단어를 보내고 나서 얼마 안 가 우체국으로부터 어마어마한 금액의 전보 비용을 통보받고 억울해하며 긴 한숨을 토해야 했다. 모든 가치를 상실한 이 시대에서 그녀가 자신의 의지로 할 수 있는 건 아무것도 없었다.

붉은 깃발의 무리 속에서 전체주의를 경험하다

　피터는 제1차 세계대전이 끝난 1년 뒤인 1919년 교육을 중요시 여기는 아버지의 뜻에 따라 빈의 김나지움에 입학했다. 이곳은 대개 상류층 자녀들이 모여 공부하던 학교였다. 하지만 피터는 빈 김나지움에서의 생활이 따분하고 지루하게만 느껴졌다.

　그런데 이때 공화정 선포식 날 대대적인 가두 행진에 제일 먼저 붉은 깃발을 들고 거리 행진에 나서는 일을 빈의 청소년단이 맡을 거라는 소문이 돌았다. 그 일을 19구 되블링의 청소년단이 맡기로 되어 있었는데 그곳은 바로 피터가 사는 구역이었다. 당시 19구 청소년단의 지도부는 젊은 사회주의자 집단으로 오스트리아에서 중등교육기관에 해당하는 학생들이 모인 김나지움 학교의 학생들이었다.

이곳에 새로 입단한 학생들 중 가장 어린 단원에게는 붉은 깃발을 들고 가두 행진 가장 앞에 서는 영광이 주어졌다. 이런 기회를 피터가 그냥 놓칠 리가 없었다. 피터는 지루한 학교생활에 흥미를 잃어 가고 있었고, 뭔가 자기 인생에 새로운 돌파구가 필요한 시점이었다. 당시 만 열네 살 미만의 학생은 정치 활동에 참여하는 건 불법이었지만 8일밖에 안 남은 생일은 별로 문제가 되지 않는다고 판단해 이 가두 행진에 나서기로 마음먹었다.

"제가 가두 행진 할 때 청소년단 대표를 맡고 싶어요."

"피터, 너가 정말 가두 행진의 선두를 맡을 수 있겠어? 넌 이런 시위에 참가하기엔 나이가 아직 조금 모자라잖아?"

우람한 체격에 여드름과 주근깨투성이인 안나 그레이슨은 피터를 향해 약간 못마땅하다는 듯한 표정을 지어 보이며 말했다. 그녀는 되블링 청소년단의 책임자였다.

"상관없어요. 나이는 별로 문제가 되지 않는다고 생각해요. 자랑스러운 19구 청소년단에 입단하게 되는 순간이잖아요."

"그래도……."

피터는 시위에 참가하기 위한 합법적인 나이는 아니었지만 모든 위험 부담을 감수하고 심지어는 부모님마저 모르게 참가하는 이 가두 행진이 새로운 모험이 될지도 모른다는 설렘으로 가득 차 있었다. 안나는 잠시 갈등했지만 피터가 워낙에 의욕적으로 나오는 바람에 그만 그의 청을 들어주기로 했다.

피터는 가두 행진을 하는 날 아침 행여나 붉은 깃발을 들고 가두 행진에 나서는데 날씨가 훼방을 놓지는 않을까 어린 마음에 노심 초사하며 일어나자마자 창문부터 크게 열어 젖혔다. 창문 너머로 수확하기 알맞게 익은 포도밭의 포도들이 이슬을 머금고 주렁주렁 달려 있었다. 밤새 내린 비는 멎어 있었고, 창밖 멀리 안개 사이로 빈의 숲속이 훤히 제 모습을 드러내고 있었다.

피터는 서둘러 옷을 챙겨입고 학교 앞으로 나갔다. 매일 걸어 다니던 학교 가는 거리의 도로들과 건물들이 오늘따라 유독 남다르게 느껴졌다.

1923년 11월 11일, 이날은 피터의 열네 번째 생일을 맞이하기 8일 전이었다. 이날은 4년간 지속되던 제1차 세계대전이 끝나고 오스트리아에서 합스부르크가 왕가의 마지막 황제가 역사의 뒤안길로 사라지고 공화정이 새로이 선포된 지 5년째 되는 날이었다. 공화정이 수립됨과 동시에 빈의 사회주의자들에게는 그들의 염원대로 새로운 세상이 열린 날이기도 했다. 사람들은 거리 한쪽에 비상시를 대비해 구급차만 배치해 둔 채 대대적인 거리 행진에 나섰다.

19구 되블링 청소년단은 시청 광장으로 가는 첫 번째 골목을 중심축으로 행진을 시작했다. 그 뒤를 이어 근처에 사는 고등학생 무리들이 되블링 청소년단에 합류했다. 시청 광장으로 가는 각 구역에서 쏟아져 나오는 행진의 무리가 점차 많아졌다. 그리고 여기저기서 힘차게 행진 노래를 부르기 시작했다. 피터는 사람들 속에서 붉은 깃발을 자랑스럽게 펼쳐 높이 치켜 올렸다.

시청 광장에 가까워질수록 행진은 12열 종대로까지 늘어났다. 시간이 지나면서 가두 행진에 참가하는 인파로 도로 밖까지 가득 메워졌다. 그중 맨 앞 선두 주자는 붉은 깃발을 높이 치켜 든 피터였다. 피터는 이 순간이 참 행복하다고 생각했다. 시간이 지날수록 거대한 행진에 가담한 사람들은 도로와 인도를 가득 메울 정도로 빠르게 불어나 앞으로 앞으로 밀려가고 있었다.

"오스트리아 공화국 만세! 만세! 만만세!"

사람들의 거센 함성은 새로운 세상을 향한 굳은 결의를 다지기라도 하듯 하늘 높이 크게 울려 퍼졌다.

그런데 큰 광장을 벗어나 높고 웅장한 시청 건물을 지나가고 있을 무렵 피터의 앞에는 작은 웅덩이가 파여 있었다. 피터는 붉은 깃발을 들고 그 웅덩이를 돌아서 비켜 가려고 노력했지만 뒤에서 밀려드는 거센 시위대에 떠밀려 그만 발을 헛디뎌 웅덩이에 발이 빠지고 말았다. 밤새 내린 비로 도로 곳곳에 파인 웅덩이 속으로 스며들었던 빗물은 생각보다 깊었다.

피터가 웅덩이에 엎어져 진흙투성이가 되었는데도 아무도 아랑 곳하지 않았다. 피터 바로 뒤에서 따르던 덩치 큰 학생은 피터를 일 으켜 세워 주기는커녕 피터의 손에서 붉은 깃발만 뺏어 들고는 아 무 말 없이 행진을 계속했다.

피터는 진흙탕 웅덩이에 빠진 것보다도 어떤 거대한 힘에 밀려 자신이 원하지도 않는 길을 억지로 왔다는 것이 더욱 힘들었다. 순 간 피터는 웅덩이에 엎어진 채 눈물이 왈칵 쏟아졌다. 그러나 결국 스스로 일어나 몸에 묻었던 흙탕물을 툴툴 털어내면서 가두 행진 을 그만두고 집에 가기로 마음먹었다.

집으로 걸어오는 내내 피터 앞으로 빈의 사회주의자 무리들이 12열 종대로 행진하면서 스쳐 지나갔다. 피터는 몸을 돌려 그들과 반대 방향에 있는 집으로 향했다. 늦은 밤, 온몸이 흙투성이가 되어 돌아온 아들을 보고 깜짝 놀란 엄마가 물었다.

"얘야, 무슨 일 있었니? 몰골은 이게 뭐고 행색은 왜 이러니?"

피터는 오늘 자신이 겪었던 일을 어머니 앞에서 구구절절이 말 하지 않았다.

"별일 아니에요. 단지 제가 그들과 어울리지 않는다는 사실만 빼 면……."

피터의 어머니는 아들의 말을 듣고 의아해하며 고개를 갸웃했다.

이날의 사건은 피터에게 지식인으로서 책임의식을 가지고 주체적으로 살아가는 것이 얼마나 중요한지를 깨닫게 해 준 일이었다.
그것은 먼 훗날 있을 전체주의 국가의 통제에 대해서도 마찬가지
였다.

게니아 살롱에서 유명 인사가 되다

잘츠부르크 인근에 멋진 목조 주택을 개조해 만든 건물이 있었다. 어우 게니아 여사가 운영하는 살롱이었다. 어우 게니아는 오스트리아의 금융재정을 담당하는 헤르만 슈바르츠발트의 아내이자 오스트리아에서 입학을 거부당하는 여학생을 위한 학교를 직접 설립한 진취적인 여성이었다. 이 살롱은 언제나 빈의 각 분야에서 모인 저명한 문필가들과 화가들로 문전성시를 이루었다. 빈의 기품 있고 세련된 고급 슈트를 입은 상류층의 멋쟁이 신사들은 게니아의 살롱에 모여 예술과 학문에 대해 토론의 꽃을 피웠고, 이곳은 비슷한 취향을 가진 사람들의 논쟁의 출발점이 되기도 했다.

시간이 흐르면서 자연스럽게 이곳을 거쳐 간 사람들은 대부분 유명 인사가 되었다. 피터가 어린 시절부터 유럽 상류 사회의 사교를 통해 지적인 분위기 속에서 성장한 배경 뒤에는 헤르만 슈바르츠발트 박사의 부인 어우 게니아 여사가 운영하는 살롱에 초대되면서부터였다.

피터 드러커가 이곳에 처음 초대받게 된 건 열여섯 살 때의 일이었다. 피터는 대학 입시 시험에 필요한 논문을 작성하기 위해 밤늦게까지 학교 도서관에서 자료를 찾다가 그만 게니아의 살롱에 거의 밤이 다 되어서야 도착하고 말았다.

살롱 안에는 많은 인사들이 모여 앉아 최근 갈수록 간단한 기능을 살린 건축에 대해 토론을 펼치고 있었다.

"이보게, 난 왕정이 무너지면서 제일 놀랐던 게 거리의 건물마다 거추장스러운 장식이 많이 없어졌다는 거야."

"그렇지, 건물은 누군가의 장식품이 아니네. 건물의 기능이 중요하지 그 건물이 상징하는 게 뭐가 그리 중요한가? 안 그런가?"

오스트리아에 공화정이 들어서기 전에는 빈에 존재하는 대부분의 건축물들은 바로크 양식처럼 장식도 화려하고 위엄 있는 모습들이었다. 하지만 그 이후 시대가 조금씩 바뀌면서 건물도 장식보다는 기능이 강조되기 시작했다.

"문화적 수준이 뒤떨어진 민족일수록 장식을 많이 한다더군."

"하지만 그건 꼭 그렇지만은 않아."

밖이 어두워졌는데도 살롱 안에 모인 사람들은 저마다 다른 의견들을 주고받으며 열띤 토론을 펼치느라 시간 가는 줄을 몰랐다.

이때 피터는 무거운 책가방을 메고 한 손에는 자료집을 가득 들고 헉헉거리며 게니아의 살롱 안으로 들어왔다. 살롱 입구에 앉아 조용히 책을 읽던 게니아가 급하게 뛰어 들어오는 피터를 보고 자리에서 벌떡 일어나 반겼다.

"얘야, 많이 늦었구나."

"네. 죄송해요. 졸업 논문에 필요한 자료를 찾느라 그만……."

피터는 살롱 안에 들어와서도 계속 가쁜 숨을 몰아쉬었다. 작지만 체격이 다부진 편인 게니아는 피터의 말을 듣고 눈을 반짝였다. 그녀는 피터가 무슨 주제로 논문을 준비하는지 몹시 궁금해하는 눈치였다.

"전 파나마 운하가 세계 무역에 미친 영향에 관해 조사하고 있어요. 파나마 운하가 개통된 지 10년 넘었는데 그것에 대한 논문이 하나도 없더라고요."

게니아는 자신도 모르게 피터의 손을 덥석 잡아끌어 살롱 안에 모인 사람들 앞에 서게끔 했다. 그리고 피터의 등 뒤에 대고 작게 말했다.

"아주 재밌는 주제를 잡았구나. 어서 사람들 앞에서 너의 이야기를 들려주렴."

피터가 조금 당황해하며 낯빛을 붉히자 게니아는 사람들을 향해 목청을 높여 말했다.

"자, 여러분. 여기에 집중해 주세요. 피터 드러커가 우리에게 아주 재밌는 이야기를 들려주겠대요."

서로 다른 주제를 놓고 설전을 벌이던 살롱 안의 멋쟁이들은 모두 하던 일을 멈추고 피터에게로 시선을 돌렸다. 좀 과하다 싶을 정도로 관심 어린 눈빛들이 여기저기서 쏟아지자 피터는 순간 긴장이 되어서 현기증이 밀려왔다. 그러나 이내 다시 평정심을 찾으며 사람들 앞에서 자신의 생각이 적힌 종이 한 장을 펼쳐 들고 또박또박 말했다.

"일단 저는 오늘 파나마 운하에 대한 이야기를 하려고 합니다. 저는 파나마 운하가 세계 무역에 미치는 영향에 대해서 조사를 했습니다. 제가 이 주제를 선택한 이유는 운하가 건설된 지 10년이 지났는데 아직까지 아무도 이것에 대해 발표한 논문이 없기 때문입니다. 파나마 운하는 미국에 의해 1904년에서 1914년까지 총 10년간 건설되었는데 서인도 제도에서 3만 1000명, 유럽에서 1만 2000명, 총 4만 3000여 명이 공사에 투입됐고, 공사 비용은 3억 9000만 달러가 들었습니다. 파나마 운하의 개통은 미국에게는 아시아, 태평양, 남아메리카 지역의 진출이 쉬워졌고, 현대적인 토목 공사 측면에서 볼 때 획기적인 건축 공법이었다고 할 수 있습니다.

그러나 이 일은 인간이 자연에게 저지른 가장 오만방자한 일이었고, 제국주의가 낳은 20세기의 3대 자연 재앙 중 하나였습니다."

피터가 숨 한 번 쉬지 않고 단숨에 읽어 내려간 이 논문은 살롱 안에 앉아 있던 많은 사람을 매료시켰다. 자신들보다도 나이가 곱절이나 어린 학생이 논문의 내용뿐만 아니라 날카로운 자기 생각을 논리정연하게 펼쳐 냈다는 데 우레와 같은 기립박수를 보냈다. 피터의 곁에서 지켜보던 어우 게니아 여사도 흐뭇한 표정을 지어 보였다.

그 청중들 중에는 토마스 만이라는 당대 유명한 소설가도 끼어 있었다. 토마스 만이 노벨문학상을 수상하기 훨씬 전이었지만 그는 이때까지만 해도 어느 정도 대작가 대열에 합류돼 있었다. 무대 위에서 논문 발표를 마치고 내려오는 피터에게 게니아 여사는 그의 귀에 대고 작은 목소리로 조언을 아끼지 않았다.

"정말 잘했어. 피터, 오늘따라 유난히 살롱 안 분위기가 좋구나. 그런데 한 가지 명심할 게 있단다. 통계를 다룰 때에는 절대로 그 수에만 의지하면 안 돼. 그걸 누가 집계했던지 간에 수치를 다시 한번 점검해 보는 게 좋을 거야. 내 경험상 하는 말이야."

"네. 좋은 말씀 고맙습니다."

피터는 게니아 여사에게 명심하겠다며 고개를 끄덕여 보였다. 살롱 안의 사람들에게 단번에 강력한 인상을 남긴 피터는 그날 이후로 게니아의 살롱에서 유명 인사가 되었다.

피터는 이렇게 어릴 적부터 손만 뻗으면 당대를 주름 잡았던 최고의 인물들을 쉽게 만날 수 있었다. 그리고 그들과의 끊임없는 교류는 피터가 훌륭한 경영학자로 발판을 다지는 데 좋은 자양분이 되어 주었다.

2장

현장에서 현실에 눈을 뜨다

함부르크에서 보낸 견습생 시절의 교훈

피터 드러커는 날이 갈수록 따분한 김나지움 수업에 흥미를 잃어 갔다. 거기다 시간이 지날수록 점점 더 쇠락해져 가는 오스트리아에 실증이 나서 더 이상 학교에 다닐 필요성을 못 느끼고 있었다. 김나지움의 교사들 역시 피터가 다른 학생들에 비해 똑똑해서 더는 수업을 받지 않아도 된다고 생각하고 있었다.

피터의 아버지는 여느 때처럼 오스트리아 경제부처에 잠깐 들렀다가 대학에서 강의를 마치고 오후 늦게 되어서야 집으로 귀가했다. 피터의 아버지는 요즘 들어 부쩍 나라의 공무보다도 대학 강의가 더 바빴다. 논문과 학술대회 일정이 겹쳐 피로가 이만저만이 아니었다. 피터의 아버지는 집에 들어오자마자 두툼한 서류 가방을 바닥에 내려놓고 거실 소파에 주저앉았다. 그는 피로감이 몰려오는지 노곤한 몸을 일으켜 세우더니 한 손으로 관자놀이를 지그시 눌렀다. 이때 피터가 아버지에게 다가와 말했다.

"아버지, 드릴 말씀이 있어요."

"그래, 말해 보렴."

"저는 대학에 진학하지 않겠습니다."

소파에 편하게 기대 있던 아버지는 피터의 말을 듣고 놀라 그만 소파에서 벌떡 일어나 버렸다.

"이유가 뭐냐?"

"동생도 의대에 가야 하고, 이제 저도 독립을 하고 싶어서요."

피터의 아버지는 일찍이 자신의 아들은 상인에 소질이 없다고 생각하고 있었다. 그래서 좀 더 공부에 매진해 자신과 같이 교수가 되길 바랐다. 하지만 피터의 생각은 달랐다. 동생의 대학 진학으로 오는 부모님의 부담을 덜어주고 싶었다. 한편으로는 부모님으로부터 경제적으로 독립하고 싶은 마음도 컸다. 하지만 아버지는 다시 한 번 아들을 설득하려 했다. 미간을 살짝 찌푸리고 두 손을 깍지 낀 채 깊은 생각에 잠겨 있던 아버지는 어렵게 말을 뗐다.

"얘야, 난 네가 무슨 생각으로 그런 말을 하는지 누구보다도 잘 안다. 부모인 내가 그 심정을 모르면 누가 알겠니? 하지만 대학 진학은 다시 한 번 생각해 보는 게 어떻겠니?"

이에 피터는 아버지의 말을 듣고 한 치의 망설임도 없이 바로 대답했다.

"아버지, 전 왜 꼭 대학을 가야 하는지 솔직히 잘 모르겠어요."

"물론 혼자서도 얼마든지 공부야 할 수 있지. 네가 그동안 김나지움에서 얼마나 따분해 했는지도 잘 안단다. 하지만 대학은 다르단다. 대학을 가게 되면 여기서 배웠던 것보다 훨씬 더 체계적으로 학문을 공부할 수 있지. 그만큼 사고의 깊이도 달라지고……."

"그렇다면 지금 당장은 아니고 좀 더 보류할게요. 그 전에 일단 현장에서 경험을 쌓아 보고 싶어요. 그게 무슨 일이든지 간에……."

당시 유럽에서 대학을 졸업하면 취직에는 유리한 조건이 됐지만 실무를 다루는 현장에서는 별로 도움이 되지 않았다. 대학에서는 온전히 순수 과목으로서만 수업을 했기 때문에 취직을 하는 데 있어 실질적인 교육과는 거리가 멀었다. 실무 경험을 쌓고 싶다면 차라리 기술전문학교를 다니거나 현장에 직접 나가 경험을 쌓는 방법밖에는 없었다. 평소 새로운 것에 도전하는 것을 즐겼던 피터는 후자를 선택했다. 당시만 해도 훌륭한 전통 있는 가문의 자제들은 일부러 대학에 진학시키지 않는 관습이 남아 있었다. 그래서 피터의 결정이 크게 문제가 되는 것은 아니었다. 피터의 생각이 너무 확고했기 때문에 아버지 역시 쉽게 설득할 수 없었다.

"그래. 대신 나중에 여유가 생긴다면 꼭 대학에 진학해 학문을 게을리하지 말아야 한다."

"네. 명심할게요."

피터는 빈 김나지움을 졸업하고 1927년 봄, 독일 함부르크의 무역 견습생으로 들어가게 되었다. 피터는 간단한 짐을 꾸려 빈을 떠났다. 다시 프랑크푸르트에서 급행열차로 갈아타고 3시간 반 만에 함부르크 중앙역에 도착했다. 역에 내리니 복잡하게 연결된 선로 위로 전철들이 수많은 인파를 실어 나르고 있었다.

전철에서 쏟아져 내리는 사람들은 저마다의 행선지를 향해 걸음을 재촉했다. 인파에 밀려 피터는 자신이 가야 할 위치에서 여러 발자국 밀려나곤 했다. 항상 조용하고 한적한 빈에서 살았던 피터는 거대 도시 함부르크가 주는 위엄과 어수선함에 놀랄 수밖에 없었다. 함부르크는 독일에서 베를린 다음으로 큰 도시이자 최대의 항구 도시였다. 수백 년 전부터 이민과 교역의 교차로 역할을 톡톡히 해내고 있던 함부르크는 동유럽 국가를 포함한 주변 여러 나라들과 함께 중요한 항만 도시였다.

함부르크는 빈과는 많이 달랐다. 빈에서는 모든 게 느리고 천천히 흘러갔다면 이곳은 모든 것이 역동적이고 빠르게 흘러가는 것만 같았다. 피터는 그 역동적인 힘이 자신에게 작은 활력소가 될 것 같았다. 그는 묘한 흥분과 기대감을 갖고 북적이는 인파 속으로 천천히 걸음을 옮겼다.

　함부르크 중앙역을 벗어나 높은 시계탑이 있던 시청 청사를 지나쳐 작은 골목으로 접어들자 멀리 항구를 배경으로 여러 회사의 건물들이 한 구역에 모여 있었다. 그중 2층짜리 작은 회사가 피터가 일하기로 되어 있는 무역 회사였다. 사장을 포함해 두세 명의 직원이 전부인 작은 회사였지만 피터는 사회에 첫발을 딛는 순간이라 설레고 기대가 됐다.

　"어서 오게. 오늘부터 열심히 일해 주길 바라네."

　"네. 열심히 하겠습니다."

　피터는 사장에게 자신을 간단히 소개하고 자리에 앉았다. 피터가 근무하기로 되어 있는 무역 회사는 주로 값이 저렴한 열쇠들을 인도에 수출하는 회사였다. 그런데 처음에는 잘 팔리던 열쇠들이 인도 사람들의 소득이 많이 증가했는데도 불구하고 어느 날부터 포장도 뜯지 않은 채 고스란히 회사로 되돌아오는 것이었다. 사장은 곧 긴급회의를 소집했다. 이러다가는 얼마 못 가 회사가 파산 위기에 직면할지도 모르는 일이었기 때문이다.

　"자, 여러분. 일요일에도 쉬지 못하게 불러내서 미안해요. 하지만 지금 우리 회사가 아주 중요한 시기에 돌입했습니다. 처음엔 인도로 수출하는 열쇠가 잘 판매가 됐지만 지금은 다 반품이 돼서 돌아오고 있어요."

그중 제일 나이가 많아 보이는 중견급 직원이 손을 들어 보이며 자신의 의견을 제시했다.

"그렇다면 열쇠 디자인이 질려서 그런 거 아닐까요? 디자인을 새롭게 바꿔서 다시 판매를 해 본다면 뭔가 달라질 거 같은데요."

머리가 약간 벗겨진 사장은 난감해하는 표정을 지었다.

"지금도 적자인데 여기에 디자인을 바꾸고 기능을 더 추가하면 회사가 더 많은 손실을 감당해 내야 하는 문제가 발생할 수 있어요."

"하지만 지금처럼 손 놓고 발만 동동 구르고 있는 게 더 위험한 거 아닌가요?"

직원들이 회의하는 내용을 옆에서 꼼꼼히 메모하던 피터도 답답하기는 마찬가지였다. 지금도 회사가 이미 적자로 들어섰는데 여기에 뭔가 새로운 일을 더 시도하는 게 과연 좋은 대안일지는 의문이었다. 피터는 당장 인도로 달려가 왜 열쇠가 안 팔리는지 직접 눈으로 확인해 보고 싶은 마음이 굴뚝같았지만 이미 사장을 포함한 회사 사람들은 어느 정도 한 방향으로 가닥을 잡고 있는 듯했다. 피터는 메모하던 것을 멈추고 손을 번쩍 들었다. 사장은 회의실을 나가려다 말고 피터에게 발언권을 주었다.

"저희가 직접 인도로 가서 왜 열쇠 판매가 부진한지를 직접 알아보는 건 어떨까요?"

"이봐. 인도는 그동안도 숱하게 다녀왔다네. 우리만큼 인도를 잘

아는 회사도 드물 거야. 그래서 우리 회사가 한동안 호황을 누린 거였다네."

"하지만 지금은 또 다른 상황일 수도 있잖아요."

직원들은 이제 막 사회생활을 시작한 견습생의 말을 아무도 귀담아들어 주지 않았다. 발품이나 팔고 고생하느니 차라리 자신이 내린 방향대로 일을 추진하는 게 훨씬 효율적이라 생각했다. 하지만 디자인을 바꾸고 더 튼튼하게 만들어도 여전히 열쇠는 팔리지 않았다. 결국 회사는 얼마 못 가 부도가 나고 문을 닫을 수밖에 없었다.

피터는 회사를 나오다 말고 다시 한 번 회사 입구에 걸린 '당분간 휴업'한다는 팻말을 가만히 손으로 쓰다듬어 보았다. 난생처음 일을 시작했던 회사였는데 많은 아쉬움이 밀려왔다. 그는 정리된 짐 박스를 들고 힘없이 터덜터덜 함부르크 거리를 빠져나왔다. 그런데 무역 회사들이 밀집되어 있던 한 구역에서 유독 바쁘게 움직이는 사람들이 있었다. 그 앞에는 알록달록한 열쇠 꾸러미들이 투명한 비닐 박스에 한가득 담겨 있었다. 피터는 걸음을 옮기다 말고 갑자기 호기심이 발동했다. 그는 자신의 무거운 짐 박스를 한쪽 옆구리에 끼고 그들 앞으로 가 보았다. 그 회사는 피터가 일하던 곳에서 불과 한 블록 거리에 있는 무역 회사였다.

"지나가다가 궁금해서 와 봤어요. 이 박스 안에 담긴 것들은 다

뭔가요?"

피터는 그 회사가 자신이 근무했던 회사처럼 열쇠를 수출하는 무역 회사라는 것쯤은 쉽게 짐작할 수 있었지만 능치듯이 물었다.

직원들은 무거운 열쇠 박스를 옮기다 힘이 들었는지 이마에 송골송골 맺힌 땀방울을 한 손으로 스윽 닦아내며 말했다.

"보면 몰라요? 인도에 수출하는 열쇠인데 요즘 물량이 딸릴 만큼 주문이 쇄도해서 잠도 못 잘 지경이라오."

열쇠 회사 직원은 겉으로는 힘들다 푸념을 늘어놓으면서도 표정은 들떠 있었다. 피터는 순간 자신의 처지와 열쇠 회사 직원이 비교가 돼서 옆구리에 끼고 있던 짐 박스가 자신의 처지처럼 처량 맞게 느껴졌다. 그러면서도 피터는 점점 더 궁금해지는 것이 있었다.

"그런데 처음부터 열쇠가 이렇게 잘 팔렸나요?"

직원은 한 손으로 절대 아니라는 듯이 손사래를 쳤다. 하지만 회사의 일급 비밀을 아무한테나 털어놓을 리가 없었다. 잠시 할 일도 잊은 채 한참을 신명나게 떠들어 대던 열쇠 회사 직원은 갑자기 하던 말을 멈추고 경계하는 듯한 눈빛을 보냈다. 그러자 피터는 자신이 들고 있던 짐 박스를 직원 앞에 보이며 말했다.

"자, 봐요. 난 이미 망한 회사 직원이라오. 이제 이곳에 발을 들여놓을 리는 없을 테니 걱정 말고 말해 봐요."

피터는 갑자기 경직된 직원을 보고 능청스럽게 말했다. 직원은 피터의 말을 듣고 곧 경계하는 눈빛을 풀었다. 그리고 뭔가 대단한 비밀을 간직한 것 같은 묘한 표정을 하곤 뜸을 들이고 있었다. 피터는 열쇠 회사 직원의 말을 기다리고 있자니 궁금해서 속이 타들어 가는 것 같았다. 열쇠 회사 직원은 목에 잔뜩 힘을 주며 마른침을 몇 번 삼키고는 마치 특급 비밀이라도 말하듯이 피터의 귀에 대고 작게 속삭였다.

"그럼 당신만 알고 절대 아무한테도 알려 주면 안 돼요. 실은 처음에는 우리도 계속 적자라 걱정했는데 뭔가 원인이 있을 거 같아서 직접 인도에 가서 현장 조사를 하기 시작했죠."

"그래서요?"

"실은 인도의 농부들은 자물쇠가 마법을 부린다고 생각해 사용을 하지 않는 관습이 있었다오. 하지만 거꾸로 인도의 도시에 사는 사람들에게는 자물쇠가 정말 필요했지요. 우리 회사는 그 사실을 알아내고 여러 기능에 맞게 열쇠를 다시 만들어서 도시에 사는 사람들 위주로 판매를 했더니 아주 반응이 좋았다오."

피터는 직원의 말을 듣고 고개를 끄덕였다. 이런 사실들은 현장에 나가 직접 눈으로 확인하기 전에는 전혀 알 수 없는 일이었다. 피터는 자신이 일했던 무역 회사가 왜 파산을 했는지 이제야 어렴풋이 알 것 같았다. 이 회사는 열쇠를 만드는 여러 경쟁사를 제치고 큰 성공을 이루었다.

피터 드러커는 경영자들이 위기에 직면했을 때 무조건 자료에만 의지하지 말고 현장에 나가 더 치열하게 경험을 쌓으면서 현장 조사를 철저히 하고 정면 돌파를 해 나간다면 어떤 위기도 잘 극복할 수 있다고 생각하게 됐다.

칼 폴라니와의 운명적 만남

1927년 말, 독일에서 대학을 다니던 피터 드러커는 크리스마스 휴가를 맞아 고향집에 내려왔다. 드러커는 함부르크에서 낮에는 일을 하고 밤에는 아버지를 실망시켜 드리지 않기 위해 함부르크 대학교 법대에 진학해 공부도 열심히 하고 있었다. 무역 회사에서 견습생으로 일을 배운 것은 좋은 경험이긴 했지만 성에 차지는 않았다.

모든 게 바쁘게 돌아가던 함부르크와 달리 조용하게 눈으로 뒤덮여 가는 빈은 고요한 겨울의 적막 속에 둘러싸여 있는 듯했다. 기차역에서 내려 집으로 오는 길에 겨울의 칼바람이 몇 번이나 귓전을 때리는 바람에 드러커는 애를 먹었다. 갑자기 매서운 한파가 불어닥쳐서인지 집집마다 수리 기사를 불러 마당에 있는 수도를 녹이느라 고생하는 모습이 보였다.

드러커는 집 앞 현관에 들어서다 말고 손을 호호 불며 무심코 현관 입구에 있던 우체통에 손을 밀어 넣었다. 그런데 그 안에는 초대장이 한 장 들어 있었다. 우표 소인은 『오스트리아 이코노미스트』에서 보내 온 것이었다. 당시 이 경제 잡지는 유럽에서 경제뿐만이 아니라 국제 정치와 기타 과학 분야까지 꽤 영향력을 끼치고 있는 유명한 잡지였다. 드러커의 얼굴에 갑자기 생기가 감돌았다.

드러커는 현관에 들어서기 무섭게 꼼꼼하게 봉인된 초대장을 뜯어보았다. 초대장 안에는 『오스트리아 이코노미스트』 편집회의에 참석해 달라는 내용이 담겨 있었다. 함부르크에 머무르기 전에 게니아 살롱에서 발표했던 '파나마 운하'에 대한 글을 보완해서 쓴 논문이 독일의 경제 계간지에 게재가 돼서 신년 특집호를 만드는 편집회의에 참석해 달라는 말과 함께 초대장 하단에 드러커가 쓴 논문이 우수하다는 편집장의 짧은 평도 적혀 있었다.

"아버지, 유럽의 유명한 경제 전문지에서 제게 초대장이 왔어요."

드러커는 기분이 너무 좋아 어쩔 줄 몰라 하며 거실에 앉아 있던 아버지의 품속으로 파고들었다. 곁에서 조용히 책을 읽던 아버지는 엷은 미소만 띨 뿐이었다.

"그래, 축하한다. 가서 좋은 경험 많이 쌓고 오거라."

드러커가 그동안 썼던 글 중 세상에 모습을 드러낸 건 이 논문이 처음이란 사실이 그를 새삼 기쁘게 했다. 유럽에서 가장 영향력 있는 잡지의 유능한 편집자를 만난다고 생각하니 벌써부터 가슴이 두근거리고 설레어 오랫동안 잠을 이룰 수가 없었다.

드러커는 다음 날 초대장에 적힌 『오스트리아 이코노미스트』로 곧장 달려갔다. 그리고 신년 특집호를 만드는 편집회의에 참석했다. 드러커는 평소에도 이곳에서 일하는 사람들은 세상을 어떤 식으로 바라보고 있는지 몹시 궁금했었다. 그 수많은 편집국 사람들 속에 유독 드러커의 이목을 집중시키는 사람이 있었으니 그는 바로 이 잡지의 부편집장인 칼 폴라니였다. 드러커는 이곳에서 헝가리 출신의 최고의 경제인류학자인 칼 폴라니와 운명적 만남을 가지게 됐고 그 후 평생의 인연으로 이어졌다.

칼 폴라니는 아까부터 회의실에서 소매를 걷어붙이고 회의에 쓰일 자료들을 꼼꼼히 체크해 가며 책상 앞에서 바쁘게 울려 대는 전화 두세 대를 동시에 받거나 통화를 해댔다. 그리고 직원들에게 편집국이 떠나갈 정도의 쩌렁쩌렁한 목소리로 지시를 내리고 있었다. 그는 큰 덩치에 어울리게 우렁찬 목소리를 가졌고, 누구보다도 의욕적으로 일하고 있었다. 혼자 힘으로 여러 가지 일을 동시에 진행하면서도 눈빛 하나로 직원들에게 할 일을 지시하고 통솔하는 폴라니의 모습은 드러커의 마음을 단번에 사로잡았다.

드디어 편집국 직원들이 모두 회의실 안으로 들어오고 신년 특집호 회의가 진행되었다. 이때 콧노래를 흥얼거리며 누군가가 회의실 문을 벌컥 열고 들어왔다. 폴라니였다. 그는 회의실에 들어오자마자 크게 "메리 크리스마스"를 외치며 의자에 철퍼덕 앉았다. 그리고 자신이 준비한 한 뭉치의 자료를 탁자 위에 올려놓았다. 사람들은 폴라니의 행동에 어느 정도 익숙해져 있는 모습이었다.

"이번엔 특집으로 다룰 아이템은 뭐가 좋을까요? 좋은 의견 가지고 있는 사람?"

"지금 독일이 배상금 문제를 두고 시끄러운데 그 주제를 다루는 건 어떨까요?"

한 직원의 말에 폴라니는 인상을 찌푸렸다.

"이미 독일이 배상금을 물을 능력이 없다는 건 어느 정도 다 알고 있는 사실이에요. 별로 흥미롭지 않군요. 다른 사람 또?"

"미국의 주식시장에 대해서 다루어 보는 건 어떨까요?"

이번에도 폴라니는 자신의 예리한 시각을 더해 말했다.

"미국 월가의 주식 폭등은 더 지켜봐야 알겠지만 난 거품이라고 생각합니다. 이것 역시 이미 경제 관련 종사자라면 누구나 예상 가능한 일이죠."

직원들은 다들 한동안 꿀 먹은 벙어리마냥 서로의 표정만 살피며 말이 없었다. 잠시 생각에 잠겨 있던 폴라니가 조용히 입을 열었다.

"모두가 예상되는 그런 아이템은 신선하지 않아요. 우리가 다루는 아이템들은 갓 잡아 올린 생선 같은 존재들이라야 해요. 생선은 조금만 시간이 지나도 상해 버리죠. 언론이 할 일은 그런 것입니다. 대중들에게 가장 신선한 순간을 놓치지 않고 제대로 알 권리를 충족시켜 주는 것이라는 사실을 명심하세요. 내일 다시 회의하도록 하죠."

폴라니는 이 말을 끝으로 신년 특집호 회의를 마치고 밖으로 나가려다 말고 직원들을 향해 한마디 덧붙였다.

"아, 한 가지 팁을 드리자면 저라면 지금 한창 새로운 경제적 대안 모델로 떠오르고 있는 케인스주의에 대해 쓰고 싶을 거 같군요. 기존의 경제학을 뒤엎을 만한 아이템이죠."

폴라니는 인간답게 살기 위해서는 지금의 시장주의에 의존하지 말고 시장에 대한 대안적 방식을 찾아야 한다고 생각하는 인물이었다. 인간답게 살기 위해선 사회가 협동조합, 네트워크를 앞세워 시장에 개입하고 감시해서 좀 더 인간이 살기 좋은 세상으로 바꾸자는 생각이었다. 이런 생각이 당시 경제학에서 새롭게 떠오르고 있던 케인스의 경제 이론과 어느 정도 맞아떨어졌다.

드러커는 기존의 사회에 대한 생각들과 조금 다른 시각으로 바라본 폴라니의 생각이 매력적으로 다가왔다. 드러커는 편집회의가 끝나고도 칼 폴라니를 마주한 순간의 여운이 가시지 않았다. 드러커는 집으로 가는 발길이 쉽게 떨어지지 않았다. 그는 이제 막 편집국을 빠져나가려는 폴라니에게 성큼 다가갔다.

"편집장님, 저는 오늘 편집국 회의에 초대를 받고 온 피터 드러커라고 합니다. 시간이 되신다면 좀 더 이야기를 나누고 싶은데 괜찮으세요?"

폴라니는 '피터 드러커'라는 이름을 듣고 미간을 살짝 모으더니 뭔가 생각난 것 같은 제스처를 취했다.

"아, 그래요. 좋아요. 그럼 다음 이야기는 우리 집에서 하는 건 어떻겠소?"

"좋습니다."

폴라니는 드러커의 요청을 흔쾌히 받아들였다. 그는 드러커를 자신의 크리스마스 저녁 식사에 초대하였다. 사회 현상에 남다른 시각을 가지고 있던 이 둘의 운명적 만남은 이렇게 이어지고 있었다.

폴라니의 집은 비엔나 변두리의 후미진 골목에 위치하고 있었다. 전차를 두 번 갈아타고 눈보라가 부는 거리를 한참 걸어 도착한 곳은 낡은 연립주택의 맨 꼭대기 층이었다. 그런데 명색이 크리스마스 저녁 식사 초대였는데 식탁 위에 올라와 있는 거라곤 껍질이 거의 다 벗겨진 삶은 감자 두어 개가 전부였다. 궁금하기 그지없었다. 그리고 폴라니의 어머니와 부인은 크리스마스 저녁 식사에 초대된 드러커에게는 눈길 한 번 주지 않고 벌써부터 다음 달 생활비를 걱정하는 푸념을 늘어놓기 시작했다.

"여보, 생활비가 벌써 바닥났어요. 다음 달 어떻게 살아야 해요? 아이 병원비에 어머님 약값도 모자란다고요."

폴라니의 아내는 푸석푸석한 머리를 고무줄로 질끈 묶고 거실로 나오며 폴라니에게 들으란 듯이 대놓고 말했다. 폴라니는 앞에 앉은 드러커와 이야기를 나누려다 무안했는지 자꾸만 고개를 반대편으로 돌리며 헛기침을 해댔다. 조금 전 잡지사 편집국에서 예리하게 빛나던 그의 눈빛은 온데간데없고 그는 팍팍한 현실과 마주하고 있었다. 폴라니는 회사에서는 사회와 싸우느라 바빴고 집안에서는 궁핍한 현실과 싸우느라 바빴다.

"여보, 그 얘기는 나중에 합시다. 난 지금 이분과 중요한 이야기를 해야 한다고."

하지만 폴라니의 아내는 곁에 초대된 손님은 안중에도 없는 것 같았다.

"대체 맨날 그 소리…… 나중에, 나중에, 나중에 우리가 길거리로 나앉고 나서도 나중이라는 소릴 할 건가요? 차라리 내가 전쟁터에 나가는 게 낫겠어요."

폴라니의 아내가 더욱 목청을 높이자 그만 안고 있던 딸이 울음을 터뜨렸다. 오늘은 폴라니와 긴 얘기를 나누는 건 불가능해 보였다. 폴라니는 인상을 찡그리며 그만 화장실로 들어가 버렸다. 유명한 경제 잡지사의 부편집장인데 월급의 액수가 적다는 말인가. 드러커는 우두커니 앉아 생각하자니 궁금증이 꼬리에 꼬리를 물고 일어났다. 드러커는 폴라니가 잠시 자리를 비운 사이에 부인에게 다가가 슬쩍 물어봤다.

"폴라니 편집장 정도의 월급이라면 여유롭게 살 수 있지 않나요?"

폴라니의 아내는 울음이 그친 아이를 거실 바닥에 조심스레 내려놓으며 긴 한숨을 토해 냈다.

"아뇨. 제발 돈 같은 돈 좀 만져 봤으면 소원이 없겠네요. 이 도시에 넘쳐나는 헝가리 전쟁 피난민에게 월급 전액을 기부하고 우리가 쓸 생활비는 우리가 벌어서 쓰는 처지예요."

드러커는 폴라니가 평소 왜 그렇게 생활하고 있는지 짐작은 할 수 있었다. 실은 폴라니의 가문은 대단히 부유했지만 그는 이상주의자였다. 드러커는 폴라니처럼 이상적인 사회를 위해서 자신의 급여 통장을 가난한 사람들에게 내주고 자신의 가족은 경제적 대가를 치르면서 위험과 갈등을 초래하는 게 사회를 변화시킨다고 보지 않았다.

먼 훗날 드러커는 이런 폴라니의 관점이 현재의 거대한 경제 체제에서는 불가능하다는 것을 깨닫고 '기능하는 사회'를 정의했다.

드러커는 시장 자본주의 큰 틀 속에서 자유롭게 경쟁하는 기업과 개인들, 특히 각각의 커뮤니티는 어느 한쪽의 희생이나 대가가 아닌 균형 잡힌 인간적인 조화를 모색해야 한다고 주장했다.

이날의 일은 드러커에게 적지 않은 충격을 선사했지만, 이 모든 일은 사실 드러커의 아버지가 이 잡지사의 후원자였고, 아버지가 드러커를 문필가의 길로 들어서도록 영향력을 행사한 것이었다.

3장

실업자가 된 드러커와
나치의 그림자

'검은 목요일의 저주', 드러커에게
실업을 안겨 주다

드러커는 함부르크의 무역 회사에서 회사 생활과 대학 생활을 병행하면서 2년을 보낸 후 1929년 1월 월스트리트에 본점을 둔 투자은행에 근무하기 위해 프랑크푸르트로 자리를 옮겼다. 프랑크푸르트는 금융과 상업이 발달한 도시이자 중세의 문화와 새로운 신식 건물이 조화를 이루는 독특한 도시였다. 드러커는 프랑크푸르트에 도착하자마자 역을 벗어나 멀리 시원한 강줄기를 드러내며 굽이굽이 흐르고 있는 라인 강가 언덕을 한참 걸었다.

드러커는 어느새 골격도 더 단단해지고 넓은 세상을 품을 줄 아는 어엿한 스무 살 청년이 되어 있었다. 어찌 보면 함부르크에서 잠깐 견습생으로 일한 것을 빼고는 제대로 된 사회인으로서 첫 출발

은 바로 이곳에서 시작한 거나 마찬가지였다. 그는 한참을 걷다 문
득 라인 강을 바라보았다. 라인 강은 어느새 붉은 해를 가득 품고
있었다. 그리고 그 주변으로 들어선 선술집과 카페들도 하나둘씩
불을 밝히고 손님을 기다리고 있었다.

'이곳에서 어떤 일들이 나를 기다리고 있을까?'

드러커는 이곳에서 자신에게 일어날 일들을 생각하니 처음에 들
었던 걱정이 두려움으로, 그리고 다시 기대감으로 바뀌고 있었다.

얼마 안 가 드러커에게 프랑크푸르트의 시가지에 있는 미국계
투자은행 지점에서 증권 분석가로 활동할 수 있는 기회가 찾아왔
다. 이때 드러커가 맡은 업무는 독일, 네덜란드, 이탈리아, 프랑스
의 섬유 회사를 하나로 합병하는 일이었다. 그는 당시 연수생에 불
과해서 증권가의 기업 합병에 대해서는 아는 게 하나도 없었다. 하
지만 드러커가 근무하는 투자은행 지점장은 아무리 어린 신입사원
이라도 봐주는 게 없었다. 드러커는 업무를 보다가 궁금한 점이 있
으면 곧장 지점장에게 물어보곤 했다.

"지점장님, 궁금한 점이 있어서요. 독일과 네덜란드 중 어느 나
라의 섬유 수출 판로가 더 활발한 편인가요?"

"그 문제에 대해 나에게 물어보지 말게. 여긴 회사지 학원이 아
니야. 참고가 될 만한 자료를 완벽하게 찾아 조사가 끝난 후 그래도
궁금한 점이 생기면 그때나 나를 찾아오게."

"……네. 알겠습니다."

드러커는 모르는 것을 물어보려 했는데 되레 지점장에게 무안을 당하자 서운하다는 생각이 들었다. 하지만 시간이 지날수록 스스로 찾아보는 습관이 자연스레 몸에 배었고, 그 과정 속에서 많은 것을 배울 수 있었다. 밤을 새 가면서 자료를 보고 분석하면서 드러커는 자신이 무엇을 확실히 잘할 수 있고 잘할 수 없는지를 명확하게 알게 되었다.

지점장은 우선 그 사람의 업무 능력을 파악한 뒤 최대한 그 직원에 대한 기대치를 높이기 위해 항상 능력 이상의 것을 해내도록 요구했다. 그리고 그 능력이 전문적이 될 때까지 계속 자신의 실력을 갈고 닦게 했다. 지점장은 그 결과를 놓고 각자의 능력에 맞게 다르게 대우했다. 드러커는 지점장을 지켜보면서 사람마다 모두 고유의 역할이 다르기 때문에 거기에 맞게 대우해야 한다는 사실을 배웠다.

1929년 당시 드러커의 상사는 미국에서 증권 주식 붐이 영원히 지속될 거라 확신하고 있었다. 드러커의 상사는 틈틈이 월가의 주식을 사들였다. 그가 사들인 주식은 정말 거짓말처럼 다음 날 높은 상승세를 기록하며 쭉쭉 뻗어 나갔다. 상사는 퇴근 시간이 다 되어 가는데도 책상 앞에서 좀처럼 움직일 생각을 하지 않았다. 드러커는 상사가 먼저 퇴근해 주기를 바랐다. 하지만 상사는 책상에서 꿈쩍도

하지 않았다. 드러커는 자신이 먼저 상사에게 물어보기로 했다.

"저 부장님, 언제 퇴근하실 건가요?"

상사는 드러커의 말을 듣고도 계속 주식 책에서 눈을 떼지 못했다. 그러고는 드러커에게 한마디 던졌다.

"먼저 퇴근하게. 대신 내일 일찍 출근해서 내 글 교정 좀 봐줄 수 있겠나?"

"네. 그렇게 할게요."

안 그래도 드러커는 평소에 그의 상사가 대체 무슨 일을 벌이고 있는지 궁금했었다.

그는 책상에 앉아 며칠 밤을 뜬눈으로 지새우면서 미국 기업이 발행한 주식을 사두는 것이 목돈을 버는 데 유용하다는 책을 쓰고 있었다. 다음 날부터 한동안 드러커는 상사가 밤새 쓴 글을 열심히 교정을 봐주어야 했다.

"드러커, 자네도 여유가 된다면 주식을 사 두게. 앞으로 월가의 주식이 바닥이 나기 전에 두둑이 사 두는 사람이 부자가 될 거야. 월가 주식은 절대로 망하지 않아."

"네. 전 주식을 사는 거에는 관심이 없어요. 월가 주식이 저희 회사에 어떤 영향을 끼치는지에만 관심 있어요."

그는 드러커에게 원고 교정을 보게 한 후 자신은 창가 의자에 두 다리를 편하게 뻗고 휴식을 취했다. 상사는 언제 집에 들어갔다 왔는지 모를 정도로 와이셔츠가 후줄근해져 있었고, 피곤한지 말을 할 때마다 그의 입에서는 단내가 풍겼다. 하지만 그는 뭐가 그리 기분이 좋은지 혼자 흐뭇한 미소를 짓곤 했다. 얼굴에는 피곤함이 역력했지만 그는 주식 붐에 대해 호언장담하고 있었다. 하지만 상사가 저술한 이 『투자론』이란 책은 얼마 안 가 세상에서 먼지처럼 흔적도 없이 사라지고 말았다. 바로 1929년 10월 24일 당시 세계 경제를 주름잡던 뉴욕 월가에서 주가가 대폭락하는, 일명 '검은 목요일'이 찾아왔기 때문이었다.

"이럴 수가. 말도 안 돼!"

미국 월가의 주식이 대폭락하던 날, 드러커의 상사도 반쯤은 정신이 나간 채 망연자실한 상태였다.

"내가 여기에 쏟아 부은 게 얼마인데……. 안 돼! 안 돼!"

"부장님, 진정하세요."

드러커는 곁에서 상사를 위로하려 했지만 그는 좀처럼 현실을 인정하려 들지 않았다. 그리고 그다음 날부터 상사가 출간했던 『투자론』이란 책이 포장된 채로 고스란히 배달이 돼 산처럼 쌓였다.

1920년대 유럽은 제1차 세계대전의 상처에서 벗어나지 못하고 있었지만 미국은 뒤늦게 전쟁에 뛰어들어 군수 물자와 연합국과의 동맹을 맺어 전시 대부를 제공함으로써 전쟁에서 막대한 이득을 챙겼다. 제1차 세계대전 후 미국은 겉으로 보기에는 세계 경제를 주도하며 각 도시들은 유례없는 번영과 호황을 누리는 것처럼 보였으나 실은 거품이 많았다. 어쨌든 제1차 세계대전 이후 미국은 세계 경제의 중심이 되었다. 기계화된 생산이 향상되면서 1920년대 미국인들은 집집마다 냉장고와 세탁기를 보유하였고 자가용이 한 대씩 보급되고 할리우드 영화 산업도 급성장했다. 들뜬 분위기 속에서 토지와 주식 투기 열풍은 식을 줄 몰랐다. 그러나 1920년대 후반기에 접어들면서 자동차와 전기 제품들의 공급 과잉으로 인해 창고에는 재고가 쌓여 갔고, 미국은 만성적인 장기 실업에 시달리다 1929년 10월 24일 미국 월가의 주식 붐이 꺼지면서 이른바 '검은 목요일'의 거품이 터져 버리고 말았다.

제1차 세계대전 후 이미 미국에 많은 것을 의존하고 있던 세계 경제는 곧 가늠할 수 없는 대혼란 속으로 빠져들었다. 세계 곳곳에서 도산해 버리는 회사들이 속출했고, 거리는 수백만 명의 실업자들로 넘쳐났다.

이 '검은 목요일'은 드러커에게도 예외는 아니었다. 그는 처음으로 실업자가 되었다. 드러커가 거주하고 있던 도시의 공장들이 하나둘씩 폐쇄되고 많은 실업자가 도시의 부랑자로 전락해 여기저기 일자리를 찾아 떠돌아 다녔다. 그들은 자신의 목에 구인을 알리는 긴 팻말을 걸고 구두창이 닳아 없어지도록 일자리를 찾아 하루 종일 돌아다니기도 했고, 자동차를 얻어 타거나 일자리를 찾기 위해 도로를 질주하는 화물차에 매달려 가는 위험천만한 일도 서슴지 않았다.

드러커 역시 거리의 실업자들 가운데 한 사람이었다. 그도 일자리를 찾아 발이 짓무르도록 하루 종일 정처 없이 돌아다녔다. 거리를 배회하는 사람들의 표정에는 희망이 없어 보였다. 드러커는 자신이 이런 끔찍한 현실과 마주하고 살아야 하는 이 시대가 야속하게 느껴졌다.

그러나 드러커는 얼마 안 가 다행히도 평소 안면이 있던 편집장을 통해 우연히 일할 수 있는 기회를 얻게 되었다. 드러커가 실직하기 며칠 전 프랑크푸르트의 유력 석간지인『프랑크푸르트 게네랄 안차이거』에 '뉴욕의 주식 폭락은 곧 끝날 것'이라는 제목의 영문 보고서를 독일어로 번역해 기고한 적이 있었다. 그 일로 안면이 있던 편집장이 드러커에게 안부 전화를 했던 것이다.

"드러커 씨, 요즘 잘 지내세요?"

"아뇨. 전 지금 실업자가 됐어요. 내 의지와 무관하게……."

전화 수화기 너머로 드러커의 긴 한숨 소리가 들려왔다. 평소 드러커의 기사를 눈여겨봤던 편집장은 드러커의 딱한 사정을 알고 고용하기로 했다. 드러커는 1929년 11월 19일 대공황이 닥친 지 한 달도 채 되지 않았을 때 운좋게도 실업자 신세를 면할 수 있었다. 그는 프랑크푸르트에서 가장 발행 부수가 많은 신문사인 『프랑크푸르트 게네랄 안차이거』의 금융 파트를 담당하는 기자로 채용되었다. 신문사 내부에서는 경험도 전혀 없는 드러커를 고용했다고 직원들의 원성이 자자했다. 직원들은 아침부터 회사 입구에 서서 드러커에 대한 불만을 드러냈다.

"아니, 발행 부수가 50만 부가 넘는 신문의 헤드라인을 생초짜인 새파랗게 젊은 놈에게 맡기는 게 이해가 가요?"

"더군다나 경험도 전혀 없다면서요. 고작 신문에 기고문 몇 번 실었던 것 가지고, 정말 편집장이 생각이 있긴 한 건지 모르겠어요."

직원들은 아침부터 업무는 보지 않고 삼삼오오 모여 편집장과 드러커에 대해 못마땅한 부분을 토로하고 있었다. 이때 드러커가 갑자기 한쪽 옆구리에 서류 가방을 끼고 이들 앞에 나타나 바람을 가르며 편집부 사무실 계단을 급하게 뛰어 올라갔다. 직원들은 일제히 불만을 멈추고 각자의 사무실로 향했다. 하지만 이는 회사 직원들이 오해를 하고 있었던 것이다. 편집장은 보이지 않는 곳에서 다른 직원들보다도 드러커를 더욱 호되게 훈계하며 단련시키고 있었다.

편집실 계단 아래서 우당탕탕 급하게 뛰어오르는 소리가 들렸다. 좁은 편집실 안에서 조용히 업무를 보던 편집장은 드러커의 인기척을 듣고 손목시계를 높이 쳐들어 보았다. 정확히 6시 10분이

었다. 드러커는 온몸에 땀이 범벅이 된 채 편집실로 헐레벌떡 뛰어
들어왔다.

"좋은 아침입니다."

편집장의 표정은 굳어 있었다. 드러커는 가쁜 숨을 고르느라 편
집장의 표정을 제대로 살필 수가 없었다.

"벌써 약속한 시간에서 10분이나 지났네."

드러커는 머리를 긁적이며 겸연쩍게 말했다.

"겨우 10분밖에 안 늦었는데요?"

편집장은 자리에서 벌떡 일어나 드러커를 향해 소리를 질렀다.

"겨우 10분? 자네 아직도 정신을 못 차렸군. 마감도 그런 식으로
맞출 건가? 마감은 신문 구독자와의 약속이야. 기사는 시간이 생명
이고, 알겠나? 내일부터는 더 일찍 나오게. 알겠나?"

"네. 일찍 나오겠습니다."

드러커는 이른 아침부터 편집장에서 꾸중을 들었다. 하지만 이
것이 시작이었다. 드러커가 신문사에 입사해 가장 먼저 한 일은 주
식 폭락으로 인해 파산한 대형 보험 회사의 재판을 취재하는 일이
었다. 드러커는 기사를 어떻게 작성하는지 전혀 몰랐다. 그는 무작
정 법원으로 달려가 담당 검사를 취재하고 기사를 작성했다. 그런
데 그가 작성한 기사를 훑어보던 편집장은 순간 얼굴 표정이 어두
워졌다.

"담당 검사의 이름이 빠져 있군. 담당 검사 이름이 뭔가?"

드러커는 편집장의 호령에 순간 당황한 표정이 되었다. 그는 한 손으로 머리를 긁적이며 말을 얼버무렸다.

"그게…… 워낙에 취재할 게 많아서 깜박했습니다."

"뭐라고? 자네 정말 정신 못 차렸군. 이렇게 정확하지 않은 기사 는 죽은 글이나 다름없어. 당장 가서 알아와."

편집장은 무섭게 화를 내면서 드러커에게 다시 정확히 알아오도 록 지시를 내렸다. 드러커가 법원에 도착했을 때 담당 검사는 이미 퇴근하고 자리에 없었다. 드러커는 고민 끝에 결국 늦은 밤 검사의 집에 직접 찾아가 어렵사리 그의 이름을 정확히 알아올 수 있었다.

드러커는 시간 안에 정확히 목표를 달성하는 것이 중요하다는 사실을 깨달았다. 이렇게 혹독한 훈련을 받으며 2년 정도의 시간이 흘렀다. 이제 드러커는 외교와 정치 뉴스를 담당하는 부편집장으 로 승진했다. 드러커의 실력이 월등히 향상되었던 점도 있었지만 제1차 세계대전으로 수많은 인재를 잃었기 때문이기도 했다.

드러커는 그 이후로 규칙적으로 생활했다. 신문사가 직원을 필 요 이상으로 많이 두지 않았던 터라 드러커는 일주일에 여러 편의 논설을 신문에 실어야 했고, 해외면과 경제면의 기사와 편집도 다 루고 자신이 스스로 쓰고 싶은 주제를 선택해서 취재도 다녀야 했 다. 또 자투리로 남는 시간을 활용해 세계사와 금융에 대한 공부도

게을리하지 않았다. 이러면서 드러커는 차츰 자신에게 맞게 공부법을 선택해 광범위하게 여러 학문을 넘나들며 공부할 수 있었다.

피터 드러커는 기자로 생활하면서 시간 관리와 목표 관리, 자기 관리의 중요성을 하나씩 배워 나갔다. 가장 힘든 시기에 어렵사리 구한 직장에서 그는 누구보다도 혹독하게 자신을 단련시켰다.

독일에 드리워진 나치의 그림자

뜨겁게 볕이 내리쬐는 베를린 광장 앞으로 히틀러의 연설을 듣기 위해 수만 명의 사람들이 몰려들었다. 광장에 모여든 사람들은 일제히 숨을 죽이고 히틀러의 입장을 기다리고 있었다. 얼마 후 비장한 군악대의 음악이 청아한 하늘에 울려 퍼지며 머리를 단정히 빗어 넘기고 군복을 반듯하게 차려입은 히틀러가 엄숙한 표정으로 연단 위로 올라섰다.

"우리 독일 국민은 세계에서 가장 위대하고 창조적인 인간입니다. 지금까지 우리가 창조한 모든 것은 오직 우리 국민의 선량한 마음, 충성심, 관대함, 근면, 질서의식 덕분입니다. 여러분, 여러분이 바로 이 시점에서 정말 원하는 것이 무엇입니까? 두려워할 필요가 없습니다. 우리에게는 보물 같은 국민이 있으니까요. 지금 빵을 원하십니까? 일자리를 원하십니까? 저희 나치당을 지지해 주신다면 저는 기꺼이 가난한 시민이 되어 그들에게 봉사하는 것을 영광으로 생각하겠습니다. 일자리를 무한대로 늘리고 모든 가격을 50퍼센트 이상 인하시켜 경제가 안정되도록 만들겠습니다. 모든 노동자들에게 배불리 먹고 살 수 있는 세상을 만들 수 있습니다."

연설 내내 목소리에 강약을 조절하는 히틀러는 어디서, 어느 단어에 힘을 실어 주어야 하는지를 명확히 알고 있었다. 연설이 최고조에 달할 즈음, 처음 배꼽 부위에 다소곳하게 얹어졌던 오른손을 하늘 높이 들어 올리며 격정적으로 "지크 하일!(승리 만세!)"이라는 구호를 세 번 외쳤다. 그가 감정을 실어 한마디 한마디 내뱉을 때마다 다르게 변하는 표정이나 동작들이 꼭 희극 배우 같았다.

히틀러는 연설을 마치고 가볍게 숨을 고르며 청중을 향해 예를 갖추었다. 청중들의 우레와 같은 박수갈채가 쏟아졌다. 히틀러의 연설에 심취돼 더러 눈물을 보이는 사람들도 눈에 띄었다. 히틀러는 이렇게 힘든 시기에는 글보다 말이 고난에 빠져 있는 독일 국민들의 감정을 자극하는 데 효과적이란 사실을 잘 알고 있었다.

군중 속에는 히틀러를 취재하기 위해 온 드러커도 끼어 있었다. 기자로서 남다른 관찰력을 겸비하고 있던 드러커가 듣기에는 히틀러의 연설은 당위성만 있을 뿐 경제적인 논리가 빠져 있었다. 수요와 공급에 의해 유지되는 경제 구조에서 히틀러가 말한 정책들은 모순점이 많았다. 하지만 사람들은 그의 거짓 선전술에 속아 자신들의 아픈 마음을 감싸 줄 수 있는 건 히틀러뿐이라고 굳게 믿고 그를 향한 열광의 도가니에서 헤어 나올 줄을 몰랐다.

미국에서 시작된 세계 대공황의 후유증은 시간이 지날수록 사그라들 줄 모르고 세계 각국으로 독버섯처럼 번져 나갔다. 미국은 수정 자본주의로 공황에서 탈출하려 애썼지만 독일의 경우는 달랐다. 독일은 제1차 세계대전 패전 후 맺은 베르사유 조약에서 감당하기조차 힘든 천문학적인 전쟁 배상금을 물어야 했다. 독일은 계속 화폐를 찍어 낼 수밖에 없었고, 그 결과 극심한 인플레이션은 독일의 중산층을 하층민으로 전락시키고 독일 화폐를 하루아침에 휴지 조각으로 둔갑시켜 버렸다. 거기에다 세계대전의 상처가 다 아물지 않은 상태에서 맞이하게 된 경제 대공황은 그들에겐 고난의 연속이었다. 독일의 실업자들은 현실적 고통을 잊기 위해 더 나은 상황을 약속하는 사람을 지지하는 쪽으로 쏠릴 수밖에 없었다.

이런 장기 불황과 사회적으로 혼란한 틈을 타고 당시 다수의 당이 난립하고 있던 독일 정당에서 미미한 세력으로 존재했던 국가 사회주의 노동당(나치당)이 사회에 불평불만을 가진 자들이 대거 합류하면서 힘을 얻어 급작스럽게 세력을 확장시켰다. 이에 1921년 국가 사회주의 노동당 당수에 히틀러가 취임하기에 이르렀다. 히틀러는 개인을 철저히 억압하고 통제하여 전체주의로 공황을 타개하려 했다.

1929년 히틀러가 베를린에서 지지 기반을 다지는 동안 드러커는 함부르크의 한 수출 회사에서 수습사원으로 일하며 함부르크 대학교와 프랑크푸르트 대학교에서 법학을 계속 공부해 나갔다. 1년 3개월 뒤, 드러커는 프랑크푸르트 월스트리트의 증권 중개회사의 상업은행에서 증권 분석가로 활동하고 있었다. 이때 피터는 어렴풋하게 독일 나치당의 권력이 과도하게 집중되는 것을 보고 위험을 감지하고 히틀러를 취재하러 베를린 광장에 왔던 것이었다.

히틀러는 날이 갈수록 지지 세력을 확보하기 위해 빠듯한 일정을 소화해 내고 있었다. 그가 구름 떼처럼 몰려 있는 군중들 틈을 경호를 받으며 겨우 빠져나와 자신의 고급스러운 전용 자가용에 몸을 실을 찰나 히틀러 앞으로 드러커가 급하게 달려갔다.

"저기, 잠깐만요. 저는 어제 전화 드렸던 프랑크푸르트 게네랄 안차이거 신문사에 근무하는 피터 드러커 기자라고 합니다."

히틀러는 차창을 살짝 내리고 가쁜 숨을 몰아쉬는 피터 드러커를 위아래로 살폈다. 그리고 미간을 찌푸리며 어렴풋이 기억이 난다는 표정을 지어 보였다. 이때 조수석에 앉아 있던 그의 수행 비서가 갑자기 난감한 표정을 지으며 말했다.

"기자 양반, 당신이 보낸 질문지는 미리 잘 받아 봤는데, 우리가 답해 줄 만한 게 별로 없습니다."

수행 비서는 곧 차창을 닫아 버리고 차를 출발시키려고 하자 드러커는 포기하지 않고 끈질기게 설득했다.

"저희는 독일에서 유명한 신문입니다. 아마 저희와 인터뷰하시는 게 연설보다 몇 배는 더 홍보 효과가 있을 겁니다."

솔직히 내키지 않는 말이었다. 드러커는 마음 같아서는 저런 불한당 같은 부류를 상대하기도 싫었다. 그는 당장 인터뷰를 취소하고 집으로 돌아가고 싶었다. 하지만 그는 어떠한 상황에서도 기자로서의 본분을 지켜 나가야 했다. 히틀러의 얼굴에 잠시 갈등하는 듯한 표정이 서렸다. 드러커의 회유책에 마음이 바뀌었던지 인터뷰에 응해 주겠다며 가볍게 고개를 끄덕였다.

그날 오후, 드러커는 히틀러를 인터뷰하기 위해 당 사무실을 직접 방문했다. 하지만 사무실 밖에는 여러 단체의 기자들과 언론인들이 몰려와 히틀러를 기다리고 있었다. 드러커는 그들을 뒤로하고 유유히 사무실 안으로 들어갔다.

당 사무실 입구에 지나치게 많이 도열된 붉은 깃발 안에 새겨진 나치 십자 표식 깃발을 쳐다보는 것만으로도 심기가 불편했다. 하지만 드러커는 불편한 심기를 드러낼 수 없었다. 표정 관리를 하며 차분하게 히틀러를 인터뷰해 나갔다. 하지만 인터뷰하기 전에 미리 작성해 두었던 질문지가 엉망이 되어 있었다. 미리 보냈던 인터뷰 질문지를 히틀러가 자기 멋대로 자기에게 유리한 질문으로 바꾸어 놓았던 것이다. 드러커는 인터뷰 내내 심기가 몹시 불편했지만 될 수 있으면 언론인으로서 평정심을 잃지 않으려 애썼다.

"나치당은 지금 대중에 힘입어 지지율이 나날이 오르고 있는데 앞으로 경제 불황을 어떻게 극복하실 건가요?"

히틀러는 짙은 코털을 한 손으로 가볍게 쓸어내리며 눈을 두어 번 끔벅거리더니 곧 허리를 곧게 세우고 냉정한 표정으로 말했다.

"나는 일단 우리 당이 승리하면 독일 국민들에게 무한한 일자리와 먹을거리를 제공해 주겠소. 그리고 우리 독일 국민은 우수한 민족임에도 불구하고 연합국에게 심하게 자존심을 다쳤소. 다시 아리아인의 훌륭한 정신을 고취시켜 우리 식대로 불황을 대처해 나갈 것이오. 그러려면 우선 이 땅에 발붙이고 사는 다른 민족을 멀리 격리시켜야 하겠죠. 기자 양반, 당신도 어떻게 사는 게 이 시대에 힘이 되는지 다시 한 번 잘 생각해 보시오."

다소 진지해 보이는 듯한 표정이긴 했지만 이미 억지스럽게 과장하던 그의 연설을 지켜본 드러커로서는 그의 표정 하나하나가 다 계획된 행동이라는 것을 쉽게 짐작할 수 있었다.

히틀러는 짧은 인터뷰가 끝나고 다음 일정을 핑계 삼아 급하게 자리를 떴다. 드러커는 나치의 등장을 생각보다 심각하게 받아들이게 되었다.

"이보게, 나치를 절대로 믿지 말게. 히틀러는 아주 위험한 인물이야. 조만간 히틀러 때문에 유럽에 파시즘이 불어닥칠 거라고……."

드러커는 프랑크푸르트 대학 식당에서 만난 몇몇 친구들에게 나치의 위험성을 경고했다.

남은 수프를 싹싹 비워 내던 친구 한 명이 냅킨으로 입가를 가볍게 닦아내며 드러커의 놀란 눈을 보고 그만 웃음을 터뜨렸다.

"이봐, 히틀러를 인터뷰하러 갔다가 무슨 못 볼 꼴이라도 보고 온 건가? 그 천한 출신이 아무리 설쳐 봤자 난봉꾼밖에 더 되겠나. 걱정 말게."

곁에 앉아 있던 또 다른 친구도 드러커의 어깨를 가볍게 치며 말을 거들었다.

"그럼. 히틀러 하나 휘어잡는 것쯤은 눈 하나 꿈쩍 안 해도 될 걸세. 무식해서 아주 다루기가 쉽거든. 두고 보라고. 그의 거짓 선전술에 놀아났던 국민들이 다시 제정신을 차릴 테니까."

비단 이런 생각을 하는 건 드러커 주변 사람뿐만이 아니었다. 독일의 우익 정당들은 천한 출신의 히틀러를 다루는 일은 쉬울 거라고 장담하고 있었다. 그들 중에는 오히려 히틀러를 정치적 꼭두각시로 앞세워 정치 뜻을 펼치고자 하는 사람들도 있었다. 히틀러의 나치당의 지지율이 날로 높아져 가고 있는데도 히틀러의 등장을 대수롭지 않게 생각하고 있었던 것이다.

드러커는 1931년 프랑크푸르트 대학교에서 국제법 및 국내법 법학 박사 학위를 취득한 이래로 여전히 강의를 하고 있었지만, 나치의 심상치 않은 움직임에 하루빨리 프랑크푸르트를 떠나야겠다고 생각했다.

목숨 걸고 독일을 탈출하다

1932년 나치는 대중들을 선동하면서 최고조를 향해 달리고 있었다. 이때 피터 드러커는 신문사에 근무하면서 여러 잡지에 경제와 금융 관련 글을 꾸준히 기고하고 있었다. 그 당시 드러커는『프랑크푸르트 게네랄 안차이거』에서 배울 것은 거의 다 배웠다고 생각하고 있었다. 이때 독일 쾰른의 한 유명한 신문사에서 드러커에게 정치와 경제를 비롯한 여러 영역을 맡아 달라는 제의를 받았다. 이 기회를 잡으면 쾰른이나 인근 대학에서 강의를 맡는 게 더 수월해지지만 드러커는 잠시 보류하기로 했다. 그는 당시 프랑크푸르트 대학교의 조교로도 일하고 있었다. 어느 날 대학의 국제법 교수가 드러커를 조용히 자신의 집무실로 불렀다.

"자네에게 좋은 강사 자리를 추천해 주고 싶은데……."

드러커는 하루빨리 프랑크푸르트를 떠나야 한다고 생각하고 있었는데 프랑크푸르트 대학에서 드러커에게 한 단계 높은 임명직 강사 자리를 추천해 온 것이었다. 대학 강사가 되면 비록 보수는 적지만 자동으로 독일 시민권을 취득할 수 있었다. 하지만 드러커가 이곳에 남아 강사를 한다면 그는 머지않아 히틀러의 부하가 되는 거나 다름없었다. 그는 생각만 해도 끔찍했다.

"죄송하지만 저는 그 자리를 사양하겠습니다."

"특별한 이유라도?"

드러커는 일말의 망설임도 없이 단호히 말했다.

"저는 히틀러와 같은 땅을 밟으며 살고 싶지 않습니다."

국제법 교수는 드러커의 말에 더는 토를 달지 않았다.

드러커는 조만간 국가 사회주의자들, 곧 나치가 정권을 잡을 것이라고 예상하고 있었다. 그리고 어차피 독일을 떠날 것이라면 그전에 자신의 입장을 분명히 해두고 싶었다.

드러커는 독일을 떠나기 전,『프리드리히 율리시스 스탈 : 보수주의적 국가 이론과 역사 발전』이라는 원고를 완성해 1933년 4월, 정치학 분야로 독일에서 유명한 출판사인 튀빙겐의 모어 출판사 편집자에게 원고를 보냈다. 책을 쓰는 기간은 얼마 걸리지 않았다. 나치가 정권을 잡은 지 꼭 석 달 뒤의 일이었다. 드러커는 자신을

『프랑크푸르트 게네랄 안차이거』의 외신 담당 편집자 겸 프랑크푸르트 대학 국제법 강의 조교라고 신분을 밝히고 보낸 원고를 『역사와 현재 속의 법과 국가』 시리즈 편에 출판해 줄 것을 부탁했다. 이를 내게 된 배경을 알게 된 출판사 편집자는 프리드리히 율리시스 스탈에 대한 소책자를 1933년 4월 26일 『법과 정치』 시리즈 100호 기념으로 출판하였다.

드러커는 이 책에서 다음과 같은 이론을 펼쳤다.

"보수주의적 국가 이론은 국가가 단 하나의 의무가 되지 않도록 막아야 한다. 이유는, 국가는 이 세상의 질서이고 최고의 영원한 질서가 해체된 후에 등장한 기구로서 인간적인 목표와 의무를 가진 왕국이기 때문이다."

이 책의 내용은 말 그대로 정치가인 스탈을 내세워 1930년대 정권을 장악한 나치를 반박하는 내용이었기에 나치에 정면 공격을 피할 길이 없었다. 예상대로 이 책은 출간되자마자 나치의 눈에 금세 발각돼 판매 금지 처분이 내려지고, 그 즉시 모두 불태워져 버렸다. 드러커는 이 책을 통해 비록 자신의 책이 사회적으로 큰 파장을 불러일으키진 않았지만 나치에 대한 자기 자신의 입장을 분명히 해두고 싶었다. 그 책의 내용은 나치의 전체주의에 쉽게 협조해서는 안 된다는 경각심을 불러일으키기에 충분했다.

갈수록 독일 경제는 파국으로 치닫고 있었다. 하지만 독일에 거주하고 있는 유대인들은 여전히 상업, 중개업, 금전 대여업에 종사하는 자본가가 많았다. 히틀러는 전쟁에서 패한 화풀이로 반유대주의를 선동하기 시작했다. 이런 히틀러의 정치적 성향은 패배감에 깊이 사로잡혀 있던 독일의 젊은 층의 마음을 흔들어 놓았고 반유대주의 선동에 폭넓은 지지를 받았다.

그리하여 1933년 히틀러는 반체제 인사들에 대한 체포와 유대인에 대한 박해를 조직적으로 진행시켰다. 특히 나치는 먼저 유대인들을 공직, 전문직에서 추방했다. 가족 중 한 사람이라도 유대인이면 '비(非)아리아인'으로 분류시켜 독일 사회로부터 완전히 격리시켰다. 나치는 그중 유대인들을 격리시키기 위한 조치로 먼저 독일의 프랑크푸르트 대학을 점령해 버렸다. 프랑크푸르트 대학은 독일에서 제일 진보적인 대학으로 통했다. 나치는 이곳을 자신들이 점령해 버리면 독일의 대부분의 학계를 손쉽게 장악할 수 있을 거라 믿고 있었다.

드러커는 마음 같아서는 하루빨리 독일을 벗어나고 싶었지만 그 사이 자신이 쓴 스탈 원고의 교정을 손봐야 하기 때문에 꾸물대고 있었다. 이대로 독일을 떠나 버리면 출판사가 다시는 이런 위험한 책을 출간하지 않을 것 같아서였다.

그러던 중 나치에 의해 1933년 2월 25일 갑자기 전체 교수회의가 소집되었다. 커다란 대학 강당 안에 모인 교수들은 이제 자신들 앞에 어떤 불행이 예고되어 있을지 지레짐작하고 있었다. 강당에 모인 교수들 사이로 냉랭한 기운이 감돌았다. 이때 강당 뒤에서 문이 열리고 독일 군복을 입은 사람들이 무릎까지 올라오는 긴 가죽 장화를 신고 건방지게 지휘봉을 건들건들 흔들며 교수들 앞으로 걸어 들어왔다. 나치가 보낸 조정관이었다. 그는 강당 교단에 서자 마자 한껏 들뜬 목소리로 목청을 높여 말했다.

"자, 나는 나치에서 임명되어 온 조정관이오. 자, 내일부터 유대 인 출신 교수는 대학 출입을 금지하고, 식당도 물론 전면 금지하오. 그리고 3월 이후로 전원 급여 지불 없이 해고된다. 알았나?"

강당에 모인 교수들 사이에서 웅성웅성 불만 섞인 목소리가 새 어 나왔다. 이때 젊은 나치 조정관은 다시 바닥에 구둣발을 짓이기 는 척하며 지레 겁을 주기 위해 지휘봉으로 바닥을 탕탕 내리쳤다.

"그게 싫다면 난 당신들을 지금 당장, 강제로 죽음의 수용소에 처넣을 수도 있으니 그 전에 알아서 자발적으로 행동하시오!"

조정관은 자신보다 한참 연로한 노교수들 앞에서도 육두문자로 비난을 일삼으며 위협을 가하는 것도 서슴지 않았다. 나치 조정관 이 험악한 말을 퍼붓자 강당 안은 금세 얼어붙어 침묵만이 흘렀다. 모든 게 제멋대로인 나치 조정관의 무례한 행동은 거의 깡패나 다 름없었다. 그리고 곧 강당에 모인 교수들은 유대인 출신 교수만 사이에 두고 두 갈래의 길이 나누어졌다. 교수들은 서로 자신들에게 나치의 불똥이 튈까 봐 각자 눈치만 살피고 있었다. 어제까지 대학 교정에서 정답게 담소를 나누며 구내식당에서 식사를 함께하던 동료 사이는 이제 그 어디에도 찾아볼 수가 없었다.

드러커는 갑자기 답답하게 숨통이 조여 오는 것 같았다. 더군다나 자신이 나치를 정면 반박하는 책을 출간할 계획이라는 것을 알면 그는 죽임을 면치 못할 상황이었다. 이제 나치의 눈을 피해 한시라도 빨리 독일을 탈출해야 했다.

그는 곧장 신문사로 달려가 사직서를 제출하고 집으로 돌아왔다. 집에 와 보니 스탈 책의 교정본이 배달돼 있었다. 그는 책상에 앉아 늦은 밤까지 교정을 보았다. 하루 동안 초긴장 상태여서 그런지 뒷목이 뻐근하게 피로가 엄습해 왔다. 그는 관자놀이를 두 손으로 지그시 누르며 자리에서 일어나 다음 날 빈으로 가는 비행기를 타기 위해 급하게 짐을 꾸리고 있었다.

이때 초인종 소리가 들렸다. 그는 현관문 틈으로 밖에 누가 왔는지 살폈다. 현관문 밖에는 키가 작은 히틀러 돌격대 요원 복장을 한 헨슈가 서 있었다. 헨슈는 『프랑크푸르트 게네랄 안차이거』의 동료였다. 순간 드러커는 심장이 멎는 것 같았다. 더군다나 신문사에서 잠깐씩 오가다 눈인사만 나누던 사이가 아니던가. 그런데 이 한밤중에 왜 갑자기 자신의 집을 방문한 건지 알 수가 없었다.

"낮에 내가 자리를 비운 사이에 사표를 냈다는 소식을 듣고 왔소. 그래도 같이 일했던 동료로서 작별 인사는 하고 가야지."

그는 드러커의 집에 들어오자마자 집 안을 빙 둘러본 후 다짜고짜 자신이 온 용건부터 말했다. 그리고 벽난로 옆에 수건으로 가려 놓은 작은 짐 가방 하나가 헨슈의 눈에 들어왔다. 그는 짧은 머리카락을 뒤로 넘기며 계속 말을 이었다.

"오늘 나치 지도부 회의에서 내가 『프랑크푸르트 게네랄 안차이거』의 당대표로 임명됐소. 그런데 당신이 오늘 사직서를 제출했다고 하더군."

"축하하오."

드러커는 그의 눈치를 살피며 짧게 대답했다. 드러커는 그가 신문사 내에서 어떤 인물인지 너무 잘 알고 있었다. 그는 천한 집안의 출신이자 나치당의 당원이기도 했다. 그리고 직장 내에서도 정치인들과 뒷거래를 하며 야비한 행동을 서슴지 않았기 때문에 직장 동료들에게도 헨슈는 늘 경계의 대상이었다. 그는 드러커의 얼굴에 바짝 들이대고 다시 한 번 말했다.

"우린 당원이 많이 필요하오. 나는 당원이라 밖에서 할 일이 많소. 신문사 일까지 해내기엔 너무 버겁소. 그래서 신문사 편집장 자리에 당신을 앉히고 싶소. 난 다른 데 신경 쓸 일이 더 많거든. 당신에겐 좋은 기회가 아니겠소?"

"좋은 기회지만 난 사양하겠소."

"당신이 그렇게 나올 줄 알았어. 하지만 자고 나면 생각이 바뀔지도 모르지."

"그럴 일은 아마 앞으로도 없을 거요."

헨슈는 나가려다 말고 계속 자신에게 거부감을 표하며 대답하는 드러커를 향해 조소하는 듯한 시선을 보냈다. 그리고 그 자리를 서성이면서 말을 이었다.

"당신이 만약 외국으로 간다면 그곳이 어디가 되든지 내 애인을 도와주시오. 그녀는 해외에 아는 사람이 아무도 없으니까……."

헨슈에게는 유대인 여자 친구가 있었다. 히틀러에 발각되면 그의 애인은 가스실로 직행해야 할지도 모를 일이었다. 드러커는 그렇게 하겠다고 고개를 끄덕이며 빈에 머물고 있는 드러커 부모님의 집 주소를 쪽지에 적어 헨슈에게 건넸다.

"나중에 애인에게 연락하고 싶으면 이곳으로 연락해요. 당신 애인에게 연락이 오면 이곳으로 대피시켜 놓겠소."

"……."

그가 여기에 온 진짜 목적이 달성되는 순간이었다. 헨슈는 드러커가 건넨 쪽지를 받아 안주머니 깊숙이 넣으며 말했다.

"난 당신 같은 사람들이 부럽소. 마음만 먹으면 세상 어디든지 갈 수 있으니……. 나치당 모임에 나갈 때마다 그들은 유대인 학살 과 전쟁을 불사하겠다는 말로 자기들을 얼마나 과시하던지. 나치 에 충성하지 않는 자들은 모두 죽이겠다는 말도 서슴지 않지."

드러커는 한 발짝 그에게 다가서며 말했다.

"당신도 나갈 생각이 있다면……."

"난 이미 늦어 버렸소. 난 나치당에서 권력을 잡았으니깐. 그리 고 난 내 집을 벗어나 본 적이 없소. 외국에 나가는 호사를 부려 보 는 건 나하고 거리가 멀었지. 누군가에게 인정을 받은 적도 없지. 그리고 나치가 하는 발언들은 그저 자기들이 정권을 잡기 위한 선 전술일 뿐이야."

이 시기에 사람들 중에는 나치에 대해 정확히 알지도 못하면서 나치에 대해 환상을 갖고 있는 사람들이 많았다. 신분이 천한 사람 들은 나치를 빌미로 신분 상승을 꿈꾸는 사람들이 많았다. 헨슈도 그런 인물들 중 한 사람이었다.

"헨슈, 지금도 늦지 않았네. 사람의 출신 배경은 중요하지 않아 요. 어려운 환경에서도 올곧게 자신의 꿈을 펼치며 살아가는 사람 들이 얼마나 많은데……."

드러커의 말을 듣고 헨슈는 갑자기 흥분해서 버럭 화를 냈다.

"그건 당신같이 가진 자들이나 지껄여 대는 소리요. 보다시피 난 그다지 명문가도 아니고 똑똑하지도 않아. 난 직장에서도 매일 잠도 못 자 가면서 열심히 일했지만 언제나 내 자리는 말단 직원 자리였어. 난 단지 권력이 필요할 뿐이야. 히틀러가 나를 그렇게 만들어 줄 거라고."

헨슈는 잠시 격앙됐던 목소리를 진정시키며 숨을 고르고는 돌격대 복장을 매만졌다.

"어쨌든 무슨 일이 있든 간에 내 애인을 도와주겠다는 약속은 꼭 지켜요. 만약 내 애인에게 무슨 일이 생기면 그땐 내가 당신을 가만두지 않을 거요."

그는 드러커에게 이렇게 으름장을 놓고는 사라졌다.

드러커는 그가 나가자마자 온몸에 힘이 풀리면서 식은땀을 흘렸다. 그리고 창문을 비롯한 집 안의 모든 문을 꼭꼭 걸어 잠갔다. 곧 유럽에 피비린내가 진동할 것만 같았다. 드러커는 결국 벽난로 옆에서 짐 가방만 겨우 끌어안은 채 뜬눈으로 밤을 지새웠다.

드러커는 훗날 1939년에 출간된 『경제인의 종말』에서 처음으로 "나치가 어떤 국가의 권력을 장악하기 전에는 유럽에서 그들에 대한 거부감이 전혀 없었다"라고 밝힌 바 있다.

1933년 2월 26일 프랑크푸르트에 온 지 4년 만에 드러커는 경계가 삼엄한 가운데 극적으로 빈으로 가는 열차에 몸을 실어 탈출했다. 열차 난간 귀퉁이에 짐 가방을 던지고 힘껏 몸을 던져 가까스로 올라탔다. 기찻길을 따라 낯익은 풍경이 아득히 멀어져 갔다. 드러커는 그곳에 남아 있는 자신의 동료들에게 앞으로 어떤 일이 벌어질지 생각하면서 씁쓸한 눈물을 삼켰다.

협상의 대가들과 세기의 천재를 만나다

1933년 2월, 히틀러가 정권을 잡은 지 얼마 지나지 않아 드러커는 독일 프랑크푸르트를 극적으로 탈출해 겨우 고향인 오스트리아로 돌아올 수 있었다. 하지만 이곳에도 일자리가 변변치 않았다. 드러커는 일자리를 찾기 위해 다시 짐을 꾸려 당시 형편이 그나마 나았던 영국 런던으로 무작정 건너갔다. 그리고 1933년 4월, 겨우 런던의 대형 보험 회사에서 증권 분석가 자리를 얻었다. 그는 이곳에서 수개월 동안 비정규직 견습생으로 일했지만 지금 상황에서는 이마저도 다행이라 생각해야 했다.

한편 도리스 슈미츠는 1932년 프랑크푸르트 대학에서 학기를 마치고 히틀러가 정권을 잡으면 자신이 계속 법학을 공부해 나가는 게 의미가 없을 것 같았다. 또 집안 친척 중에 유대인도 있어 그녀 역시 독일에서 신변을 보호받을 수 없는 상황이었다. 그래서 결국 도리스도 일자리를 찾기 위해 영국으로 건너왔다. 여전히 전 세계적으로 대공황이 진행 중이었고 또 다른 전운(戰雲)이 감돌고 있었지만 그녀는 그 와중에도 어렵사리 영국 런던 대학교의 국제법학 교수의 조교 자리를 얻었다.

1933년 가을, 연미색 투피스를 곱게 입은 도리스는 지하철을 타기 위해 에로스 조각상이 설치돼 있는 넓은 피커딜리 서커스역을 가로질러 에스컬레이터를 타고 내려오고 있었다. 이때 누군가가 반대편에서 자신의 이름을 불렀다.

"도리스 슈미츠! 도리스 슈미츠!"

그녀는 에스컬레이터를 타고 내려가다 말고 뒤를 돌아보았다. 에스컬레이터 반대편에서 그녀의 이름을 부른 건 다름 아닌 피터 드러커였다. 마음이 들뜬 드러커는 너무 반가운 나머지 다 올라간 에스컬레이터를 다시 되짚어 타고 내려가고, 도리스 역시 다 내려갔던 에스컬레이터를 되짚어 타고 올라가기를 반복하다가 두 사람은 만났다. 둘은 피커딜리 서커스 광장의 에로스 상 앞에서 서로 손을 맞잡으며 기뻐했다.

"이게 얼마 만이야?"

"그러게요. 그동안 잘 지냈어요?"

프랑크푸르트 대학교 시절, 드러커가 노교수를 대신해 강의를 들어갔을 때 몇 안 되는 여학생 중에 도리스도 끼어 있었다. 그때는 그저 강사와 학생 사이여서 특별한 작별 인사도 없이 헤어졌던 두 사람은 그동안 서로의 안부를 까맣게 잊고 살다가 영국 런던에서 이렇게 만난 것이다. 그때 드러커의 나이는 스물네 살이었고 도리스의 나이는 스물한 살이었다. 둘은 가려던 목적지도 까맣게 잊은 채 한참 동안 이야기를 나누었다.

전쟁과 공황을 겪으면서 마음이 헛헛했던 이유 때문일까. 얼마 후 이 둘의 사이에는 사제지간이 아닌 사랑의 감정이 싹텄다. 드러커 역시 도리스가 전에는 그저 한 여학생에 불과했었는데 이제는 특별한 이성으로 느껴졌다. 큰 눈망울과 오똑한 콧날에 우아한 분위기를 풍기는 이 여성이 드러커에게는 더 이상 평범한 존재가 아니었다.

그 당시 여성을 대학에 보내는 일은 어느 정도 명문 가문이라야 가능한 일이었다. 도리스의 집안에서는 딸이 대학을 졸업한 후 명문 귀족 집안으로 시집 가길 바랐다. 드러커의 부모 역시 드러커 가문의 며느리는 영국 명문의 금융 가문의 딸 정도는 되어야 한다고 생각하고 있었다.

이 둘의 관계는 빛의 속도로 도리스의 어머니 귀에까지 전해졌다. 이 소식을 전해 들은 도리스의 어머니는 펄쩍 뛰었다. 그리고 곧장 짐을 챙겨 딸이 머무는 런던으로 달려와 둘의 만남을 반대했다. 하지만 세상 모든 부모가 다 그러하듯이 이 청춘들의 풋풋한 연애를 막지는 못했다.

드러커는 보험 회사 견습생 일자리를 크리스마스 전에 그만두고 연말에 자신의 고향인 빈으로 돌아갔다. 하지만 연애를 시작한 이후 도리스와 처음 멀리 떨어져 있어서 그런지 그녀가 너무 그리웠다. 드러커는 새삼 그녀와 단 일 분도 떨어져 살 수 없음을 느끼면서도 생각보다 빈 체류 기간이 길어지고 있었다.

고향의 주변 지인들은 드러커가 오랫동안 고향에 머물자 오스트리아 외무성의 홍보 자리를 주선해 주며 계속 빈에 머물기를 바랐지만 그럴수록 드러커는 더욱 빈을 떠나고 싶은 마음이 간절해졌다.

마침내 그는 2월 초에 빈을 떠나기로 결심했다. 드러커는 작별 인사를 나누기 위해 오랜만에 게니아 살롱을 방문했다. 작은 꽃 화분들로 가득 꾸며진 살롱 앞에서 게니아는 양쪽 팔에 긴 토시를 끼고 화분에 핀 꽃을 정성껏 매만지며 물을 주고 있었다. 그녀는 힘이 들었는지 쭈그리고 앉았던 허리를 곧게 폈다.

이때 그녀의 시야에 잘생긴 미남 청년이 환한 얼굴로 게니아를 향해 걸어오고 있었다. 예전에 게니아 살롱에서 유명한 인사로 이름을 날렸던 피터 드러커였다.

"아니, 넌 피터 드러커 아니니? 세상에 이렇게 잘생긴 청년으로 크다니."

"그동안 잘 지내셨어요? 안 그래도 틈틈이 어찌 지내시나 궁금했는데……."

통통한 몸매에 발목까지 내려오는 긴 원피스를 입은 게니아의 이마에는 어느새 못 보던 주름이 세월만큼이나 늘어 있었다. 그녀는 단걸음에 달려가 미남 청년으로 성장한 드러커를 살포시 안아 주며 반겼다. 예전 같았으면 대낮에도 발 디딜 틈이 없을 정도로 인기가 많았던 게니아의 살롱이었는데 지금은 휑하니 찬바람만 불었다.

게니아와 드러커는 살롱 입구의 나무 의자에 걸터앉아 반나절 정도 긴 대화를 나누었다. 그새 드러커는 사춘기 티를 벗고 어엿한 청년으로 성장해 있었다. 거기다 아름다운 여인을 만나 연애를 한다고 하자 게니아의 얼굴에 절로 흐뭇한 표정이 지어졌다.

"드러커, 네가 애인을 생각해서 영국으로 가겠다는 건 당연한 일이겠지만 지금 영국은 경제 상황이 좋지 않아. 그리고 영국은 외국인에게 그리 호락호락한 나라가 아니란다. 그럴 바에야 차라리 여기서 더 안정적이고 좋은 일자리를 구하는 게 낫지 않겠니?"

이때 살롱 안에서 게니아의 남편인 슈바르츠발트 박사가 잔기침을 콜록거리며 문을 벌컥 열고 나왔다. 이미 그도 흰머리가 많이 늘어 있었다.

"게니아, 오랜만에 온 드러커에게 꼭 그렇게 쓸데없는 말을 해야 겠어?"

게니아는 남편의 돌발 행동에 순간 당황했다. 안에서 두 사람의 대화를 다 엿듣고 있었던 것이다. 그는 자신의 아내가 드러커에게 쓸데없는 소리를 한다고 날카롭게 쏘아붙이며 핀잔을 주었다.

"나는 네가 아주 어릴 적부터 너희 집안을 들락거리며 너를 오랫 동안 봐 왔지. 넌 항상 다른 사람의 시선 따위는 신경 쓰지 않고 네 가 갈 길을 꿋꿋하게 잘 헤쳐 나갔지. 난 그런 네 모습이 참 대견스 러웠단다. 대학 대신 독일로 건너가 새로운 도전을 했을 때도, 나치 가 정권을 잡자마자 빈을 바로 떠났던 점도, 넌 용기 있는 사람이 야. 이곳은 과거 속의 멈춰 선 도시란다. 떠나렴. 되도록 빨리."

이렇게 말하는 슈바르츠발트 박사의 퀭한 두 눈은 마치 쓰라린 과거가 지나가는 것처럼 서글퍼 보였다. 그는 급하게 드러커를 일 으켜 세우고 등 떠밀면서 말했다.

"떠나기로 한 사람은 원래 뒤를 돌아보지 않는 거란다. 어서 한 시라도 빨리 이곳을 떠나 영국으로 가거라. 내 한 몸 건사할 직장은 어느 곳에나 있을 것이니 너무 두려워 말고."

드러커는 슈바르츠발트 박사 말을 듣고 서로 꼭 맞잡고 있던 손 을 풀며 자리에서 일어났다. 그리고 짐을 싸기 위해 자신의 집으로 향했다. 그는 가던 도중 잠시 뒤를 돌아보았다. 그곳에는 이제는 나이가 지긋해진 슈바르츠발트 박사와 게니아 여사가 마치 자신의 손자를 배웅해 주듯 오랫동안 서 있었다.

드러커는 다음 날 바로 영국으로 향했다. 그리고 영국에 도착한 지 반나절 만에 직장을 구할 수 있었다. 런던의 한 은행의 경제 분석과 협력사를 담당하는 사무관 자리였다. 이건 슈바르츠발트 박사의 말대로 빈에서는 상상도 할 수 없을 정도로 좋은 직장이었다. 그렇게 된 데에는 드러커의 아버지가 자신의 친구에게 전해 주라고 들고 온 엄청 큰 시계 덕분이었다. 그는 이 무거운 시계를 들고 기차 안에서 이리저리 옮겨 놓느라 고생깨나 했다. 그리고 그 시계를 아는 분께 전해 드리다가 드러커의 경력을 우연히 알게 된 모르셀 덕분에 다음 날부터 프리트베르크사라는 개인 금융 회사에서 3명의 파트너의 수석 비서이자 경제 분석가로 근무하게 된 것이다.

프리트베르크사는 제1차 세계대전 당시 세 명의 주주로 출발한 작은 금융 회사였다. 그중 어네스트 프리드버그는 이 은행의 창업자 중 한 사람이었다. 어네스트는 200년 이상 은행을 경영해 온 집안의 출신으로 늘 자부심을 느끼고 살았다. 그는 주로 투기 딜러로 오랫동안 일해 왔는데 사람에 대한 직관력이 뛰어나고 사업 수완이 좋았다. 그는 입사 초에 드러커에게 프리트베르크사와 오랫동안 매매 거래를 해 왔던 암스테르담의 한 금융 회사와의 분쟁을 해결하라고 지시했다. 그 금융 회사가 프리트베르크사에게 지불해야만 하는 돈은 8만 파운드였지만 그들은 이에 불만을 품고 한 푼도 안 내놓고 있었다.

"드러커, 자네가 이 문제를 해결해 보게. 우리 회사에 적자가 나지 않게 반드시 다 받아 내야 하네. 알겠나?"

"네. 한번 열심히 해 보겠습니다."

하지만 몇 주 후 드러커는 여러 가지를 분석한 후 5만 파운드에 대해선 암스테르담의 한 은행이 주장한 게 정당하다고 주장했다.

"저희 회사가 지불해야 할 돈은 어느 정도 있는 데 반해 그쪽은 전혀 없습니다."

드러커가 이렇게 말하자 곁에 있던 로베르트 모르셀은 책상을 두 손으로 치며 흥분을 감추지 못했다. 그리고 따가운 시선으로 드러커를 쳐다보며 못마땅해 했다.

"내가 고양이에게 생선을 맡겼군."

"……."

드러커는 모르셀의 반응에 흠짓 놀라 어찌할 바를 모르고 꾸물거리고 있었다. 이때 멀리 책상 너머로 이 둘의 모습을 지켜보던 어네스트는 조용히 드러커를 불렀다.

"자네가 합당하다고 생각한 5만 파운드 말고 그럼 나머지 3만 파운드는 어떻게 생각하나?"

"그 부분은 저희가 당연히 요구해야 할 권리이므로 꼭 받아 내도록 하겠습니다."

드러커는 몇 주간 네덜란드의 금융 회사와 입씨름을 한 뒤 3만 파운드를 반반씩 나누어 각 회사가 부담하기로 했다. 크게 흡족할 만한 결과는 아니었지만 어느 정도의 성과는 있었다. 어네스트는 일이 해결된 뒤에도 드러커를 불러 다시 한 번 물었다.

"자네의 생각이 끝까지 옳다고 생각하나?"

"네. 제 생각에는 변함이 없습니다."

이 말이 떨어지기 무섭게 어네스트는 드러커에게 다소 날카로운 목소리로 말했다.

"드러커, 자네는 은행가지 변호사가 아니야. 철저하게 이익에 따라 움직일 줄도 알아야지. 회사가 손해를 보는데도 남만 배려해 줄 건가?"

"아니요."

드러커는 더 이상 할 말을 잃었다. 어네스트는 투자 딜러다웠다. 어네스트는 드러커에게 한마디 덧붙였다.

"난 자네를 입사한 이후로 쭉 지켜보고 있지만 자네는 내가 생각했던 것보다 더 어리석더군."

드러커가 겉옷을 챙겨 자리에서 일어나려던 찰나에 툭 던진 어네스트의 말이 자신에 대해 잘 알지도 못하면서 하는 말 같아 몹시 불쾌했다. 그러면서도 다른 한편으로는 의아했다. 그는 상사의 말을 벙어리처럼 잠자코 듣고만 있을 수밖에 없었다. 어네스트의 불만 섞인 말들이 계속 쏟아졌다.

"우리 회사는 자네가 전에 런던의 보험 회사의 증권 분석을 했었다는 경력을 보고 채용했네. 헌데 자네는 정말 매일 증권 분석만 하고 있더군."

"그러면 어떻게?"

"우린 시킨 일만 하는 직원은 원하지 않아. 그렇다면 비싼 월급은 왜 받아 가나? 오늘 가서 내 일을 하기 위해서 효율적으로 뭘 해야 하는지부터 다시 한 번 생각해 보게. 그리고 그 목록을 한 번 작성해 보게. 아마 자네 인생이 바뀔 걸세."

드러커는 처음에는 자신을 못마땅하게 여기는 상사가 마음에 안 들었지만 그날 이후 새로운 일을 할 때마다 자기 자신에게 되묻는 습관이 생겼다.

"새로운 일을 맡게 된 지금 목표를 달성하기 위해, 효과적인 사람이 되기 위해서 무엇을 해야 할까?"

그 답은 매번 다르게 돌아왔다. 드러커는 그 후 까다로운 상사가 자신에게 일침을 가해 준 것을 내내 고맙게 생각했다. 그리고 드러커는 정말 얼마 안 가 실력이 크게 향상되었다. 이에 어네스트도 흡

족해하며 말했다.

"자네는 앞으로 충분히 훌륭한 은행가가 될 자질이 충분해. 훌륭한 은행가가 되려면 매일 책하고만 씨름하지 말고 경험을 통해 사람을 잘 관찰해 보게. 은행 일이란 게 결국은 사람을 다루는 일 아닌가. 그런 의미로 내가 좋은 기회를 만들어 주지."

어네스트는 이렇게 말하면서 책상 서랍에서 명함 한 장을 꺼내 드러커에게 건넸다.

그 명함의 주인공은 베르하임 백화점의 사장인 헨리 베르하임이었다. 당시 프리드버그 은행을 자주 찾아왔던 고객이자 어네스트의 친구였던 그는 개인이 연 최초의 백화점 경영자였다. 그는 척박했던 도시에 최초로 점포를 열어 자수성가한 인물이었고, 미국 소매업계의 일인자였다. 그의 성공은 고객 지향적인 경영 철학이 있었기 때문에 가능했다. 헨리 백화점은 업계에서는 최초로 고객의 만족을 보증하고 불만이 생기면 환불해 주고 있었다.

드러커가 헨리 베르하임을 만나 그의 이야기를 한참 듣다가 갑자기 궁금해져서 질문을 했다.

"그렇다면 만약 고객이 먼저 사 갔던 옷을 입어 본 다음 세탁을 해서 환불 조치를 요구하면 어떻게 하나요?"

"그때는 환불해 주지. 방침이 그러하다네."

"그렇다면 두 번째도 환불을 요구해 오면요?"

"그땐 안 돌려주지. 처음 환불 받았을 때 우린 꼼꼼하게 장부에 적어 체크해 놓거든. 계속 습관이 되면 안 되니까. 고객의 불만에 항상 두 귀를 활짝 열어 놔야 해."

헨리의 철학은 현장에서 자기 스스로 발 벗고 뛰어다니며 고객을 직접 관찰하고 깨달은 결과물들이었다. 드러커는 헨리 베르하임을 만난 후 기업의 목적을 고객을 창조하는 것이라는 고객 지향적 경영 철학을 확립하게 되었다. 그리고 그에게서 배운 것들을 토대로 쓴 『방관자의 모험』에서 "소매에는 두 가지 원칙밖에 없다. 첫 번째 원칙은 단 2센트라도 싸게 팔면 이웃 가게에서 손님을 끌어올 수 있다는 원칙이고, 두 번째 원칙은 진열장에 진열하지 않으면 절대로 상품은 팔리지 않는다는 것이다. 손님이 합리적이지 않다는 말은 옳지 않다. 상인이 해야 할 일은 고객을 만족시키는 일이 우선이고, 고객이 다음번에도 이 가게에 들러 물건을 사고 싶다는 생각을 갖게 하는 것이 중요하다"라고 했다.

헨리 베르하임의 이런 경영 방침은 미국의 월마트나 노드스트롬 같은 대형 유통업계가 고객 지향 중심적인 정책을 펼치기 전에 선보인 한 발 앞선 정책이었다.

프리드버그 은행의 여러 파트너 가운데에는 드러커보다 나이가 어린 파트너가 한 명 있었다. 드러커는 매주 그 파트너와 함께 런던의 증권시장을 분석하는 일을 맡아 함께 진행했다. 그는 개성이 강하고 자신만의 색깔이 분명한 사람이었다. 어느 날 그는 드러커에게 한 가지 제안을 했다.

"드러커, 당신은 어차피 회사의 경제 분야를 책임지고 있으니 경제학을 좀 더 전문적으로 배워 보는 것이 낫지 않겠어요?"

드러커는 그의 말을 듣고 고개를 갸웃거리며 말했다.

"꼭 그럴 필요까지는 없다고 생각하는데……."

"요즘 케인스 강의가 이 분야에선 최고의 명강의라던데……. 이 불황에도 미국을 거의 먹여 살리다시피 하고 있잖아요."

1929년에 발생한 경제 대공황은 여러 자본주의 국가에 대량 실업 사태를 낳았다. 이에 경제학자인 존 메이너드 케인스는 정부가 시장을 통제하고 재정의 역할을 확대함으로써 수요를 늘리면 완전 고용을 달성할 수 있다고 주장했다. 이런 케인스 이론을 가장 적극적으로 수용해 공황을 돌파했던 사람은 바로 미국의 프랭클린 루즈벨트 대통령이었다. 그는 '뉴딜 정책'으로 거리로 내몰린 실업자들에게 일자리를 적극 제공해 주었다.

하지만 드러커는 파트너의 말을 듣고도 별로 마음이 동하지 않았다. 그래서 심드렁하게 말했다.

"글쎄요, 한번 생각해 보죠."

하지만 얼마 안 가 다른 상사들의 성화에 못 이겨 케임브리지 대학에서 주최한 케인스의 경제학 세미나에 참석했다.

케인스가 뉴딜 정책으로 성공해 스타 반열에 오르자 그가 가는 곳은 언제나 수백 명의 인파들로 문전성시를 이루었다. 드러커도 케인스의 강의를 1년 내내 들었다.

사람들로 발 디딜 틈이 없는 강의실은 언제나 정원 초과였다. 강의실에 준비된 의자는 언제나 열성적인 케인지언들의 독차지였고 남은 사람들은 강의실 빈 공간에 쭈그리고 앉아 듣거나 그마저도 허락되지 않는 사람들은 강의가 끝날 때까지 서서 듣는 사람도 많았다.

한참 시끄러웠던 강의실에 훤칠한 키에 잘생긴 케인스가 나타나자 사람들은 일제히 자리에서 일어나 그를 우러러볼 정도였다. 끝이 보이지 않는 강의실은 일순간 조용해졌다. 그는 여느 때처럼 준비한 자료를 들고 강단 위에 섰다.

"저는 더 이상 시장에 큰 믿음을 가져서는 안 된다고 생각됩니다. 시장은 수요, 공급의 원리에 따라 균형을 이루어 가지만 때로는 비합리적인 결과를 초래할 수 있습니다. 그 대표적인 게 바로 경제 대공황이죠. 이럴 때는 정부가 적극적으로 직접 개입해 나서야 합니다. '보이지 않는 손'을 그대로 방치해서는 안 됩니다."

케인스는 불황에 정부의 적극적인 개입을 바랐다. 소극적으로 시장에 맡겨 두지 말고 국가가 적극적으로 나서서 도로나 항만같이 공공 근로 부분의 일자리를 늘려 불황을 타개해야 더 큰 손실을 막을 수 있다는 생각이었다. 당시 대부분의 경제학자가 케인스와 같이 재화와 서비스, 자본과 노동의 흐름에만 관심이 많았다.

하지만 드러커는 케인스와 생각이 달랐다. 드러커는 오스트리아의 고위 관리였던 아버지의 영향으로 어려서부터 당대 최고의 경제학자들을 보고 자라 온 터라 경제에 대한 생각이 남다를 수밖에 없었다.

그는 인간과 사회에 더 관심이 많았다. 케인스는 수의 경제학을 펼쳤다면 드러커는 인간을 향한 경제학이었다. 먼 훗날 드러커의 사상에 영향을 끼친 사람은 오히려 조지프 슘페터였다. 슘페터는 경제 발전의 원동력을 기업가의 혁신적 행동에서 찾았다. 그는 '창조적 파괴'로 기술 혁신이 일어나고 경제가 발전하기 위해서는 이런 혁신적인 기업가가 경제 발전의 중심에 있어야 한다고 주장했다.

드러커는 케인스의 경제학 세미나를 들으면서 사람은 다른 사람을 가르칠 때 더 많은 것을 배우게 된다는 사실을 깨달았다. 드러커는 누군가를 가르치는 게 적성에 맞다고 오래전부터 생각하고 있었다. 그는 영국의 대학에 취직을 하려 했지만 당시 영국은 외국인에게는 보수적인 나라라 채용을 하지 않았다. 결국 드러커는 1937년 1월 회사에 사표를 제출했다.

"전 은행가가 되고 싶진 않아요. 돈 만지는 일보다 학생들을 가르치는 일을 하고 싶어요."

그러자 상사는 드러커가 건넨 사직서를 조용히 서랍 속에 넣으며 말했다.

"그럴 줄 알고 있었다네."

상사는 이미 오래전부터 드러커의 성향을 잘 알고 있었다. 그는 은행보다는 사회나 인간에 더 관심이 많다는 것을 말이다. 드러커는 앞으로 자신이 걸어 나가야 할 길을 분명히 알고 있었다.

케인스주의

　1929년에 발생한 경제 대공황은 여러 자본주의 나라에 대량 실업자를 발생하게 했다. 영국은 제1차 세계대전 후부터 경기가 좋지 않았는데 설상가상으로 1926년 발생한 총파업이 영국 경제를 큰 위기 속으로 몰아넣었다. 각 나라들은 더 이상 과거의 경제 제도에 얽매여 있을 수 없었다.

　이때 케인스는 애덤 스미스의 개인주의와 자유방임주의를 맹렬히 비판한 『자유방임의 종언』을 발표했다. 케인스는 이 책에서 개인이 이익을 추구한다고 해서 반드시 공공의 이익이 보장된다는 건 경제적 논리에 맞지 않는다고 비판했다.

　케인스는 정부가 시장을 통제하고 재정의 역할을 확대함으로써 수요를 늘리면 완전 고용을 달성할 수 있다고 주장했다. 케인스주의는 불황의 터널 속에서 허우적거리던 세계 여러 나라에 큰 반향을 불러일으켰다.

　케인스 이론을 가장 적극적으로 수용해 공황을 돌파했던 사람은 바로 미국의 프랭클린 루즈벨트 대통령이었다. 루즈벨트는 취임하자마자 '뉴딜 정책'으로 거리로 내몰린 실업자들에게 국가가 적극 나서 댐과 고속도로 국립공원을 건설해 실업을 어느 정도 해소함으로써 기존 미국 정부의 보수적인 경제 정책을 완전히 바꾸어놓았다. 케인스의 이론에 입각한 뉴딜 정책은 그 자체가 하나의 사회 개혁이었다.

헨슈의 덫에 걸린 드러커의 운명

드러커는 1937년 1월 16일, 도리스와 런던 교회에서 조촐하게 결혼식을 올린 후 다시 빈으로 돌아가 드러커의 부모님께 인사를 드리기로 했다. 하지만 다시 돌아온 빈의 분위기는 심상치 않았다. 거리 곳곳의 건물 옥상에는 나치의 붉은 깃발이 펄럭이고 있었다. 전차를 타도 아직 얼굴에 사춘기를 벗어나지 못한 여드름투성이의 소년의 팔에 두른 나치의 십자 표식이 선명하게 새겨진 완장만 보아도 나치의 그림자가 이곳에도 깊게 드리워져 있음을 쉽게 짐작할 수 있었다.

빈에는 드러커와 비밀을 공유할 수 있는 사람이 한 명 있었다. 트라우네크 백작이었다. 그는 제1차 세계대전의 참전 상이용사이기도 했다. 게니아와 슈바르츠발트 박사 다음으로 가까운 사이였다. 드러커는 결혼식을 올리고 그해 봄에 트라우네크 백작 집을 잠시 들른 적이 있었다. 집안 거실에는 모처럼 찾아온 드러커 부부를 맞이해 소박한 다과상을 사이에 두고 한참 동안 화기애애한 이야기를 나누고 있었다. 그러던 중 크라우네크 백작은 짚고 있던 지팡이를 옆에 가만히 내려놓으며 드러커의 귀에 대고 작은 목소리로 속삭였다.

"난 네 부모님이 걱정되는구나."

드러커는 트라우네크 백작의 말에 흠칫 놀라며 다시 한 번 백작을 쳐다보았다.

"너도 짐작하겠지만 이제 얼마 안 가 히틀러가 오스트리아도 집어삼킬 거야. 너의 아버지는 자유주의자이기 때문에 나치가 그냥 놔둘 리가 없지. 모르지. 나치 비밀경찰의 1급 수배자 명단에 이미 올라가 있는지도……."

"네. 저도 어느 정도는 예상하고 있습니다."

트라우네크 백작은 허튼소리를 할 사람이 아니었다.

"두 분이서 사시기에는 집이 너무 커서 집을 내놓았는데 다행히 최근에 집을 사겠다는 사람이 나타났어요. 그리고 미리 여권도 준비해 두었습니다."

"잘했구나. 다행이야."

그는 드러커를 보고 안심하는 듯한 표정을 지어 보였다.

"그럼 백작님은?"

트라우네크 백작은 체념하는 듯한 목소리로 말했다.

"우리 부부는 도피하진 않을 거다. 우린 자식이 있는 것도 아니고."

당시 히틀러는 다민족 국가였던 오스트리아가 정책적으로 독일 민족을 소외시켰다고 생각하고 있었다. 그는 이 때문에 어릴 적부터 민족에 대해 광적인 집착을 보였다. 그리고 그것은 곧 오스트리아에 대한 갈망으로 바뀌었다. 히틀러는 감옥에서 쓴 『나의 투쟁』에서 오스트리아가 독일의 일부가 되어야 한다고 기록했다. 그는 평소에도 가까운 지인들에게 빈을 완전히 파괴하고 새로 건설하고 싶다는 말을 농담처럼 흘리고 돌아다닐 정도였다. 히틀러가 구상한 세상은 생각보다 빠르게 현실화되고 있었다. 그의 계획대로라면 머지않아 히틀러가 버젓이 오스트리아 국경을 넘어올 게 뻔했다.

이미 주변이 어두워지고 있었다. 드러커는 도리스의 손을 잡고 트라우네크 백작의 집을 나섰다. 너무 급하게 남편의 뒤를 따르던 도리스의 구두끈이 몇 번씩 풀어졌다. 드러커는 잽싸게 몸을 낮춰 구두끈을 동여매 주며 주위를 빠르게 살폈다. 사거리 광장에 쏟아져 나온 무리 중에는 나치당 완장을 찬 젊은이들이 곳곳에서 눈에 띄었다. 그중에는 완력이 세 보이는 심상치 않은 분위기를 풍기는 사내들도 몇 명 끼어 있는 것 같았다. 그중 한 명이 우연히 드러커와 눈이 마주쳤다. 드러커는 일어나 시선을 허공으로 보내며 태연한 척 행동했다. 그리고 그 사내가 시선을 다른 데 두는 듯싶자 도리스의 손을 잡아끌며 걸음을 재촉했다.

갑자기 불길한 예감이 엄습해 왔다. 드러커는 주변 사람들을 믿을 수 없었다. 저 무리 속에는 드러커의 목숨을 위협하는 누군가가 철저히 정체를 숨기고 있을지도 모를 일이었다. 어떤 알 수 없는 그림자들이 드러커 뒤를 쫓는 것만 같았다. 속고 속이는 시대에는 아무도 믿을 수 없었다.

드러커는 아내와 함께 집에 돌아와 현관 문고리를 잠그고 나서야 겨우 안도의 한숨을 내쉬며 한쪽 가슴을 쓸어내렸다. 드러커의 부모님은 잠시 자리를 비웠는지 집에 없었다. 드러커는 집 안을 돌아다니면서 문들을 하나하나 꼭꼭 걸어 잠갔다. 그리고 창가에 다가가 커튼을 슬쩍 들추고 밖의 분위기를 살폈다. 그의 눈동자가 불안하게 흔들렸다.

거리의 가로수 그늘 아래 삼삼오오 모여 있는 사람들 빼곤 여느 때와 별반 다르지 않았다. 살짝 집어 들었던 커튼을 다시 내리고 뒤돌아보려는 순간 갑자기 드러커의 시야 사이로 낯선 군화를 신은 두 발이 들어왔다. 드러커는 지레짐작할 수 있었다.

"나요. 벌써 잊은 건 아니겠지?"

그는 바로 헨슈였다. 사실 드러커는 빈에 오자마자 옛 신문사 동료이자 나치 당원인 헨슈를 떠올렸다. 헨슈는 나치당 내에서 극악무도한 일을 전문으로 처리하는 나치의 돌격대장이 되었다는 소문이 떠돌고 있었다. 헨슈는 몇 년 전 드러커가 독일을 떠나기 전 그에게 와서 자신의 유대인 여자 친구를 히틀러로부터 보호해 달라고 간곡하게 부탁한 적이 있었다. 만일 자신의 애인이 안정을 보장받지 못하면 그땐 드러커를 가만 놔두지 않겠다고 협박을 하고 돌아갔었다. 그런데 그 이후로 여자 친구에게서는 아무런 연락이 없었다.

헨슈는 무릎까지 오는 긴 가죽 장화를 신고 드러커의 주위를 한번 빙 돌았다. 그는 세련된 검은 제복을 반듯하게 갖춰 입고 있었다. 그리고 왼쪽 가슴엔 나치 십자 표식 외에도 여러 종류의 굵직한 배지들이 훈장처럼 매달려 반짝거렸다.

"당신이 돌격대장이 되었단 소식은 들었소. 축하하오."

드러커가 긴장감을 완화시키려고 먼저 말문을 열었다. 그는 두 손으로 다시 자신의 제복을 자랑스럽게 매만지며 처진 입 꼬리를 한쪽으로 길게 올렸다. 그는 드러커의 말은 듣는 둥 마는 둥 하며 딴청을 피우며 자신이 하고 싶은 말만 일방적으로 드러커에게 퍼부어 댔다.

"내 애인이 소식이 끊긴 지 오래됐소."

"당신 애인은 그날 이후로 내게 연락을 한 적이 한 번도 없었소."

헨슈는 대화 도중 갑자기 드러커의 코앞으로 바짝 다가와 위협하듯이 말했다.

"어찌 됐건 당신은 내 약속을 어겼어. 내 말을 귀 기울여 듣지 않았단 말이야."

헨슈가 이곳에 온 건 애인이 목적이 아닌 듯했다. 헨슈는 곧 제복 안주머니에서 두 장의 쪽지를 꺼내 들었다.

"자, 여기에 적힌 집 주소는 두 가지야. 하나는 당신이 전에 살던 집 주소와 다른 하나는 당신이 지금 살고 있는 집 주소지. 난 이미 이 중 한 가지를 나치에 넘겼지. 내가 어떤 걸 넘겼는지 잘 생각해 봐. 지금쯤이면 아마 히틀러가 오스트리아 국경을 넘고 있을지도 모르지."

그는 드러커의 눈앞으로 집 주소가 적힌 두 장의 쪽지를 꺼내 슬쩍 보여 주다가 다시 자신의 안주머니 속으로 깊숙이 찔러 넣었다. 그는 자신의 짧은 머리를 매만지며 모자를 눌러쓰곤 드러커의 표정을 살폈다. 챙이 난 모자 사이로 그의 날카로운 눈빛이 드러커와 마주친 순간 드러커는 그대로 심장이 멎는 것 같았다.

헨슈가 돌아간 후 드러커는 옷장 맨 밑에 찔러 두었던 여권을 꺼내 들었다. 살아남아야 한다. 살아남아서 반드시 이 시대의 진실을 알려야 한다. 그러기 위해선 '탈출'밖에는 달리 방법이 없었다.

밤늦게 돌아온 그의 부모님은 사색이 된 드러커와 며느리의 표정이 여느 때와 사뭇 다르다는 걸 감지했지만 길게 자초지정을 설명할 여유가 없었다.

"아버지, 어머니, 빨리 오스트리아를 떠나야 해요. 자세한 사정은 가면서 말씀드릴게요. 우선 탈출하는 게 급합니다."

"······그게 무슨 소리니?"

드러커의 어머니는 아들의 말을 듣고 당황했지만 아버지는 가만히 고개를 끄덕였다. 아들의 말속에 담긴 뜻을 알 것도 같아서였다. 두 다리가 허락하는 한 가장 빨리, 그리고 가장 멀리 탈출해야 한다. 드러커와 가족들은 서둘러 집안 곳곳에 일부러 불을 밝혀 마치 사람이 있는 것처럼 위장해 놓고 부랴부랴 짐을 꾸려 취리히로 가는 비행기에 몸을 실었다.

1938년 3월 12일, 나치 독일군이 요란하게 군화 소리를 내며 오스트리아 국경을 넘어 진군했다. 베르사이유 조약과 생제르망 조약에는 독일과 오스트리아가 통합하는 것을 금지하였으나 나치 독일은 이를 무시했다. 겉으로는 '합병'이었으나 사실상 일방적인 무혈 점령이었다.

나치는 오스트리아를 점령하자 드러커의 부모 자택으로 비밀경찰을 보내 체포하려 했다. 그러나 드러커의 부모님은 이미 하루 전날 빈을 무사히 빠져나간 후였고, 결정적으로 나치당의 손에 넘어가 있던 것은 현재가 아닌 과거의 집 주소였다.

유럽은 여전히 나치에 대해 기대를 하는 분위기였지만 드러커는 모든 상황을 정확히 예견하고 자신의 생각대로 움직였기 때문에 나치로부터 운 좋게 가족 모두가 무사히 탈출할 수 있었다.

그 이후 갈수록 나치의 박해는 극에 달했다. 유럽에서 반유대주의 조치들이 심해지자 유대인들은 나치를 피해 유럽을 탈출하려는 움직임이 전 세계적으로 확산되고 있었지만 국제 사회는 히틀러의 불똥이 자국민에게 튈까 봐 이런저런 명목만 구차하게 내세운 채 서로 눈치만 보고 있었다. 국제 사회는 침묵으로 일관한 채 그들에게 싸늘하게 등을 돌리는 사이 히틀러는 더욱 노골적으로 가혹하게 유대인을 학살했다. 나중에 안 사실이지만 그 후 얼마 안 가 헨슈는 나치에 이용만 당하다 나치의 측근에 의해 죽임을 당하고 말았다.

4장

지식경영학의 시대를 열다

첫 저서 『경제인의 종말』로
세상의 주목을 받다

　피터 드러커는 스물여덟 살에 미국으로 건너와 정착했다. 미국에서 그는 유럽 은행과 신탁 회사, 영국 신문사의 주미 경제 전문가 겸 경제 특파원이라는 여러 가지 직업을 가지고 불안정하게 살아갔다. 당시 미국 경제는 정부가 내놓은 자구책들을 적극적으로 수용하며 앞만 보고 달려가고 있었고, 유럽은 여전히 세계대전 이전의 화려했던 전성기 시절을 잊지 못하고 뒤로 후퇴하고 있었다.

　드러커는 유럽을 바라보는 시선이 냉정했다. 이런 이유가 드러커를 미국이란 땅에 정착하게 만들었는지도 모를 일이다. 드러커는 영국의 『타임』지와 금융 회사에 정기적으로 기사를 보내는 일을 했다. 그리고 1939년 미국의 사라로렌스 대학에서 일주일에 하루 정도 경제학과 통계학을 가르쳤다. 이즈음 그는 영국에 머물던 시절부터 매만지던 원고를 마무리 지었다. 그리고 1939년 봄, 드디어 그의 최초의 저서 『경제인의 종말』이 출간되면서 본격적인 저술 활동을 시작했다.

영국은 드러커와 같은 외국인이 이론과 실무를 동시에 만족하기에 좋은 환경은 아니었다. 하지만 미국은 이와 달리 모든 것을 수용할 수 있는 나라라고 판단했기 때문에 무작정 건너온 것이었다. 그리고 이곳에서 그는 세상에 자신을 처음 알린 첫 번째 저서 『경제인의 종말』을 무사히 출간했다. 『경제인의 종말』은 히틀러와 전체주의의 탄생을 경제학적으로 분석한 최초의 책이었다.

특히 『경제인의 종말』은 수요와 공급에 의해 판단하고 행동하는 인간이 꼭 합리적이지는 않다는 것을 보여 주었다. 이는 세계대전과 대공황을 거치면서 보여 준 유럽인들의 모습에서 알 수 있다. 전체주의와 히틀러의 등장으로 최고의 문명의 정점에 와 있던 유럽은 전쟁과 경제 대공황을 거치면서 기존의 경제와 가치들이 모두 붕괴되었다. 기존의 경제인들이 스스로 합리주의에서 비합리주의로, 민주주의를 버리고 개인의 자유를 통제하고 억압하는 전체주의를 선택했다. 이 과정에서 정통 경제학의 밑바탕이었던 "경제인은 합리적이다"라는 뿌리 깊은 믿음을 깨지고 말았다. 무엇보다 이 책은 전체주의가 대두하면서 소련의 붕괴와 제2차 세계대전이 일어날 것이라고 미리 예견하는 등 경제학자로서 드러커의 탁월한 면모를 드러내는 계기가 되었다.

거기에다 아이러니하게도 이 책이 출간된 지 6개월 뒤 실제로 1939년 8월 23일 독소불가침 조약이 체결됐고, 얼마 안 가 2차 세계대전이 발발하고 말았다. 2차 세계대전이 일어나기 전에 출간된 이 『경제인의 종말』은 전 세계적으로 크게 반향을 일으켰다.

이에 대해 영국의 처칠 수상은 마르크스는 계급 없는 사회를 대안으로 제시했지만 사회주의 자체가 하나의 새로운 고도의 조직적 계급구조를 형성한다는 드러커의 주장에 크게 공감한다며 극찬했다.

그러던 어느 날 『경제인의 종말』을 보고 크게 감동을 받은 『타임』지의 편집장인 헨리 루스가 드러커에게 편지를 보내 왔다.

당신의 책을 굉장히 감명 깊게 읽었습니다. 시간이 되신다면 책에 대해 좀 더 많은 이야기를 나누고 싶습니다.

며칠 뒤, 드러커는 뉴욕의 번화가 골목에 자리 잡은 고급 레스토랑에서 루스를 만나 식사를 했다. 그는 세련된 검은 터틀넥 정장을 갖춰 입고 신사다운 분위기를 한껏 뽐냈다.

"이 레스토랑은 양고기 스테이크가 아주 훌륭해요. 비리지도 않으면서 아주 담백하지요. 오늘 한 번 드셔 보시면 다른 레스토랑은 못 가실 겁니다. 허허허."

"그런가요? 누군가는 오늘 또 한 명의 단골을 잃겠군요."

드러커는 루스의 말을 가볍게 받아넘기며 스테이크를 썰어 한입 크게 베어 물었다.

"당신의 책을 정말 감명 깊게 읽었습니다. 특히 아주 가까운 미래에 소련이 스스로 붕괴한다는 사실은 저를 아주 흥분시키더군요."

루스는 정작 자신이 하고픈 이야기는 숨긴 채 대화 도중 자꾸만 뜸을 들이고 있었다.

"실은 저는 지금 저희 회사에 외신 담당 편집자를 새로 영입하려고 하는데 그 자리를 드러커 씨가 와서 일해 주실 순 없나요?"

드러커는 하던 식사를 멈추고 루스의 얼굴을 다시 한 번 쳐다봤다. 사실 루스는 책보다 드러커에게 더 관심이 많은 것 같았다. 드러커는 자신이 교수다 보니 늘 그의 연구는 대학 교정에만 머무는 게 문제였다. 『타임』은 한때 나치를 옹호하는 듯한 발언을 해 대중들에게 이미지가 실추됐었다. 루스는 그런 회사의 분위기를 쇄신하기 위해서 파격적이고 유능한 인재로 교체하려는 생각을 갖고 있었다. 당시 여러 명의 유능한 인사들이 논의됐었는데 루스는 그중 드러커가 가장 적임자라고 생각해 찾아온 것이었다.

여전히 공황의 긴 터널에서 허우적거리던 미국의 젊은이들 사이에서 유력 일간지 『타임』의 외신 기자 자리는 선망의 대상이었다.

드러커 또한 여러 가지 일을 겸하고 있어도 생활은 여전히 녹록지 못했다. 이런 상황에서 루스의 제안은 드러커에게 꽤 매력적인 제안으로 다가왔다. 드러커는 루스의 생각이 궁금했다.

"루스 씨, 하지만 당신이 저에 대해 아는 게 별로 없을 것 같은데요. 저를 드러낸 건 책 한 권뿐인데."

루스는 드러커의 말허리를 자르며 곁에 있던 서류 가방 안에서 두툼한 서류 한 뭉치를 꺼내 드러커에게 건넸다.

"설마 그런 준비도 하지 않은 채 제가 당신을 만나러 왔겠습니까?"

루스가 건넨 두툼한 자료 안에는 드러커가 그동안 써 온 기사들이 잔뜩 들어 있었다. 그리고 기사의 중간마다 루스가 자신의 생각을 밑줄 그어 가며 꼼꼼하게 평을 달아놓았다. 그가 드러커를 영입하기 위해 얼마나 공을 들였는지 단번에 알 수 있었다.

하지만 드러커는 문득 어쩌면 『타임』은 자신과 생각이 다를 수 있다는 생각이 들었다. 드러커가 그동안 함께 일해 왔던 편집자들을 생각해 보면 하나같이 혹독하게 실력을 연마하고 자신의 생각이 기사에 잘 담길 수 있도록 노력했다. 투박했던 글들은 그 과정을 거치면서 좀 더 다듬어지고 글에 자신만의 뚜렷한 개성과 생각이 잘 드러날 수 있었다. 하지만 평소 모든 기사를 일체화시켜 다루는 『타임』의 집단 저널리즘 방식은 드러커가 생각하는 것과는 다소 거리가 멀어 보였다. 드러커는 갑자기 루스의 생각이 궁금했다.

"『타임』의 기사들은 하나의 일관된 스타일이 있는 것 같아요."

"『타임』은 세계 우수한 교양 잡지이고 또 일인자가 되기 위해서는 나름의 스타일을 고수하는 건 당연하지요."

드러커는 그런 의도로 말한 것이 아니었다. 드러커는 집단 저널리즘 방식은 개인의 개성을 존중하지 않고 일체화된 기사의 시각 또한 문제가 있다고 말하고 싶었지만 루스의 기분이 상할까 봐 살짝 돌려 말한 것이었는데 그는 자신의 회사에 대한 자부심이 대단한 사람이라 드러커의 말을 다른 식으로 받아들였다.

미국에서 꽤 폼나는 교양 잡지를 만드는 게 루스의 꿈이었고, 그의 완벽주의는 회사의 모든 것을 간섭하려는 성향으로 바뀌어 회사 내 직원들과 종종 마찰을 빚었다. 드러커는 루스가 건넨 서류철들을 훑어보며 무겁게 입을 뗐다.

"일단 보잘것없는 무명작가인 저에게 관심을 가져 주셔서 감사드립니다. 당신의 제안은 상당히 끌리지만 저에게도 조금 더 생각할 시간을 주십시오."

"그러지요. 갑작스런 제안이라 시간이 필요할 수도 있지만 내가 너무 오래 기다리지 않았으면 좋겠소."

루스는 드러커로부터 돌아온 대답을 듣고 표정이 조금 흔들렸지만 겉으로 티를 내지 않으려 부단히 노력하는 모습이 역력했다. 그동안 공들인 고기를 쉽게 놓아 줄 순 없는 일이었다. 루스는 다시 한 번 드러커에게 몸을 기울이며 슬쩍 귀띔을 했다.

"세상에 전혀 알려지지도 않았고 거의 무명작가나 다름없는 당신이 쓴 책을, 그것도 다른 나라에 비해 유독 소련이 민감하게 반응한 건 처칠 수상이 그 책의 진가를 먼저 알아봤기 때문이에요. 때문에 당신은 생각보다 더 유명해질 수 있었던 거 아닌가요?"

"나는 단지 내 생각을 책에 썼을 뿐이오. 그걸 처칠 수상이 알아봤다면 다 그만한 이유가 있어서겠지요."

드러커는 간단하게 이 말만 하고 자리에서 일어났다. 실제로 드러커가 쓴『경제인의 종말』은 미국보다는 영국에서 더 선풍적인 인기를 끌었다. 처칠의 영향이랄까. 나중에『경제인의 종말』은 영국의 사관학교 졸업생의 필독서가 되기도 했다. 하지만 당시 미국의 지식인 사회에서는 공산주의가 하나의 새로운 사회적 모델로 떠오르고 있었고 드러커는 곧 이들의 표적이 되고야 말았다.

드러커는 어느새『타임』내의 공산당원들 내에서 위험한 인물로 지목되었다.『경제인의 종말』에서 드러커는 마르크시즘의 실패가 곧 유럽의 붕괴를 초래할 뿐만 아니라 결국엔 유럽을 전체주의로 내몬 요인으로 보았기 때문이었다. 이들은 곧 드러커를 사회에서 매장시키기 위해 대대적인 활동을 비밀리에 조직하고 전개시켰다. 그들은 공산주의 신문인『데일리 워커』에『경제인의 종말』에 대한 비난의 긴 글을 실었다. 그리고 피터 드러커는 가공의 인물이고 이

기사는 미국 국무성이 조작해 놓은 허위 기사라고 기재했다. 소련의 국영 통신사 『타스』의 워싱턴 지국장은 피터 드러커의 말살 운동을 조직적으로 전개시키기도 했다. 『타스』의 편집장이었던 래리 토트는 드러커가 그동안 글을 실었던 모든 잡지와 신문에서 그가 썼던 기사들을 삭제하고 드러커가 다시는 언론 쪽에 발을 못 붙이도록 일을 꾸몄다. 결국 루스의 드러커 영입 계획은 신문사 내 공산주의자들의 반발로 무산될 수밖에 없었다.

최초로 대기업 GM을 컨설팅하다

드러커는 1942년에 버몬트 주의 베닝턴 대학의 전임교수가 되었다. 베닝턴 대학은 드러커가 전에 근무했던 대학에 비해 규모는 작았지만 대신 자신이 연구하고 싶은 과목을 자유롭게 선택해 맘껏 가르칠 수 있었다. 드러커는 이 대학에서 정치학 및 철학 과목을 가르쳤다.

드러커는 이즈음 『경제인의 종말』을 인정받아 얼마 안 가 미국 정치학회에서 정치이론 연구위원으로 활동하게 되었다. 하지만 2차 세계대전으로 인해 그가 하려던 대부분의 일을 중단할 수밖에 없었다. 하지만 그의 학문에 대한 열정만큼은 전시 중에도 멈출 줄 몰랐다. 그는 전시 중에도 여전히 배우고 쓰고 가르치는 일을 게을리하지 않았다.

그리고 1942년 그의 두 번째 저서 『산업인의 미래』를 출간했다. 이 책은 마르크시즘은 실패한 이념이고 히틀러는 반드시 패배한다는 전제하에 세계대전 후 정치적·사회적 통합의 새로운 가능성을 제시한 책이었다. 드러커는 이 책에서 처음으로 기업의 조직은 경제적 조직이자 사회적 조직이며 서로 공생해야 하는 공동체 사회라고 주장했다. 드러커는 이미 이때부터 앞으로 다가올 선진국 사회는 기존의 사회와는 다른 새로운 기능을 부여할 수 있는 사회여야 한다고 내다보았다.

1943년 창밖으로 싸늘한 바람이 불 때마다 얼마 남지 않은 낙엽들이 바닥으로 우수수 떨어져 쌓였다. 어느새 깊어가는 가을이 드러커의 집 안마당을 낙엽으로 곱게 수놓았다. 이때 드러커의 집으로 전화 한 통이 걸려 왔다.

"안녕하세요? 피터 드러커 씨 되시죠? 저는 GM에서 홍보를 담당하고 있는 폴 개럿이라고 합니다."

"그런데 무슨 일로 저에게?"

"다른 게 아니라 저희 GM의 도널드슨 브라운 부회장님께서 당신이 GM의 기업 경영에 관해서 연구해 볼 생각이 있으신지 여쭈어 보라고 하셔서요."

드러커는 듣던 중 반가운 소식이었다. 드러커는 실은 얼마 전

『산업인의 미래』라는 책을 집필할 당시 직접 대기업 속으로 들어가 기업이 조직 내에서 어떤 역할을 하는지 제대로 연구하고픈 욕구가 샘솟았었다. 돌이켜 보면 그가 훨씬 더 좋은 조건의 하버드나 프린스턴 대학의 교수직을 포기하고 굳이 지금의 베닝턴 대학을 선택한 이유는 자신이 원하는 과정을 자유롭게 가르칠 수 있고 연구도 자유롭게 할 수 있다는 장점 때문이었다.

하지만 드러커는 자신이 교수다 보니 늘 그의 연구는 대학 교정에만 머무는 게 문제였다. 그는 그동안 여러 가지 방법으로 몇몇의 대기업 문을 직접 두드려 보았지만 그들은 드러커를 싸늘하게 외면하기 일쑤였다. 대공황 때문에 경제적 책임을 기업에 돌리는 반기업적 정서가 사회적으로 만연해 있었던 터라 드러커 같은 학자가 자신의 연구를 위해 대기업을 파헤치고 돌아다니려 하는 일을 정치나 경제 분야에서 곱게 봐줄 리가 없었다. 더군다나 단지 영리 추구를 목적으로 하는 기업을 학문으로 다루려 한다는 것에 우려 섞인 목소리들을 냈다.

그런데 이번에는 미국의 자동차 산업을 주름잡고 있던 대기업 중 하나인 GM에서 드러커에게 먼저 손을 내밀어 주었던 것이다. 드러커는 오래전부터 바랐던 일이라 그런지 그것이 어떤 조건이든 간에 일단 GM의 제안을 흔쾌히 받아들이기로 했다.

드러커는 아침 식사를 하는 둥 마는 둥 하고 서둘러 집을 나섰다. GM과의 약속에 늦지 않기 위해서는 베닝턴에서 여유 있게 나와야 했다. 싱그러운 아침 햇살이 조금은 경직된 드러커의 표정을 살짝 누그러뜨렸다.

차로 얼마나 달렸을까? 달리는 차창 너머 디토로이트의 고층 빌딩 사이로 GM의 로고가 크게 새겨진 건물이 눈에 띄었다. GM 본사가 가까워 오고 있었다.

드러커가 GM 본사에 도착하자 잿빛 정장을 갖춰 입은 폴 개럿이 회사 로비에 나와 이제 막 회사 입구로 들어서는 드러커를 반겼다. 그리고 그는 드러커를 곧바로 부사장이 있는 한적한 집무실로 안내했다.

드러커가 그의 집무실 안으로 들어갔는데도 부사장인 도널드슨 브라운은 아까부터 창문가에 앉아 양복 깃을 세우고 먼 곳을 응시하고 있었다. 곁에서 보기에는 그의 표정엔 수심이 가득한 듯 보였다. 드러커는 일부러 한쪽으로 고개를 돌려 헛기침을 두어 번 했다.

그제야 그는 표정을 밝게 바꾸며 드러커를 반겼다.

"드러커 씨, 당신이 쓴 『산업인의 미래』를 잘 읽어 봤어요. 저희 회사는 그동안 회사 나름의 원칙을 가지고 거대 조직의 관리와 대기업의 사회적 역할에 관해 연구해 왔습니다. 그동안 GM은 초창기 인재들이 꽉 잡고 각자 자기 위치에서 제 역할을 잘 해냈습니다.

하지만 이제 우리들은 경영 일선에서 물러날 때가 되었어요. 더군다나 얼마 안 가 저희 회사에서 최고경영자 역할을 해 주던 알프레드 슬론 씨마저 자리를 떠나게 되죠. 이쯤에서 새로운 체제를 만들 필요가 있어요. 당신이라면 잘할 수 있을 거 같은데 어떻소?"

"그러면 제가 원하는 건 모두 지원이 가능하시다는 건가요?"

체격이 좋은 브라운이 입가에 엷은 미소를 띠었다. 조금 전보다 표정이 훨씬 부드러워졌다.

"당연하지요. 당신이 우리 회사를 컨설팅하는 데 있어 필요한 모든 것을 지원해 주겠소. 당신이 지금 대학에서 받고 있는 연봉을 지급해 주는 것은 물론이고요. 하지만 그보다 내가 살짝 걱정되는 건 단 한 가지?"

브라운은 입가에서 웃음기를 싹 거두고 이내 표정이 굳어졌다. 드러커는 모든 지원에 대해 관대한 그가 오히려 걱정하는 게 무엇인지 궁금해 긴장이 됐다. 브라운은 곧 고개를 돌려 드러커에게 귓속말을 하듯 속삭였다.

"우리 회사에는 괴짜들이 많소. 아마 그들의 생각을 설득시키는 게 만만치는 않을 것이오. 당신은 교수 출신이라 해박한 지식이 많겠지만 그들은 현장에서 다져진 경영 노하우가 많다오. 결코 책에서는 배울 수가 없지요."

오래전부터 GM은 기존의 기업들에게서는 찾아볼 수 없는 GM

만의 기업 정서가 있었다. 특히 개성이 강하고 도전정신이 투철했던 GM의 경영진들은 회사가 위기에 봉착할 때마다 지혜롭게 헤쳐 나갔다. 그들은 대부분 밑바닥부터 자신만의 기술과 노하우를 가지고 차근차근 밟아 올라온 경우가 많았다. 때문에 위기의 현장에선 누구보다도 강했다. 브라운은 이렇게 말하고 조용히 자신의 책상 서랍에서 서류 파일 하나를 꺼내 드러커에게 건넸다.

"여기에 GM 간부들의 간단한 약력이 들어 있소. 이것을 참고해서 한번 일을 진행해 봐요. 정치학자의 입장에서 바라본 GM은 어떤 모습일지 몹시 기대가 됩니다. 잘 부탁하오."

"성심성의껏 연구하여 좋은 결과가 있도록 하겠습니다."

드러커는 브라운에게 짧은 목례로 답하고 GM 임원들의 간단한 약력이 소개된 파일을 그 자리에서 펼쳐 보았다. 그런데 그중 GM의 최고 경영인인 알프레드 슬론과 브래들리 둘 다 대학에서 경제학 박사 소지자들이었다. 더군다나 GM은 가장 밑바닥부터 차곡차곡 경력을 쌓으며 올라와 성공한 인재들이 많은 것이 특색인 회사였다. GM에서 캐딜락을 담당하고 있는 드레이 스타트 사장은 정비공 출신이었고, 시보레를 담당하던 코일 사장은 초등학교 중퇴자였다. 지금은 상상도 하기 힘든 일이지만 순전히 땀흘려 일궈 낸 노동의 대가를 최고의 가치로 여기던 시절 그들 앞에서 당시의 대학 졸업장이나 석·박사 학위는 감추고 살아야 하는 거추장스런 그

무엇이었다.

드러커는 서류 파일을 뒤적이다 그만 브라운과 눈이 마주쳤다.

"슬론 씨와 브래들리 씨는 대졸자네요. 그것도 박사 출신."

이때 브라운은 주변을 의식한 듯 자신의 검지손가락을 치켜세워 입가에 가만히 가져다 댄 뒤 조용히 말했다.

"쉿! 그건 지금 사내에서 아무도 모르는 일급 비밀이라오. 아무에게도 알려선 안 돼요."

당시에는 대기업이 박사 학위 출신의 인재를 반기는 분위기가 아니었다. 더군다나 GM처럼 대부분 맨손으로 회사를 일궈 낸 이들에게 박사 학위 소지는 감추어야 할 일이었다.

"네. 걱정 마세요. 그냥 참고만 하려는 겁니다."

드러커는 이렇게 말하면서 자신의 서류 꾸러미를 들고 자리에서 일어났다.

GM 경영인들과의 마찰

생각보다 이른 아침에 임원 회의가 소집되었다. 월요일 아침이면 늘상 하는 회의였지만 오늘은 이 자리에 의자 하나가 더 놓여 있었다. 이른 아침이라 다들 얼굴에는 피곤함이 역력했지만 브라운이 회의실로 들어서자 일제히 일어나 예의를 갖췄다. 그리고 말끔하게 양복을 차려입은 피터 드러커가 조용히 그의 뒤를 따라 들어왔다.

"자, 오늘부터 우리 회사의 경영 컨설팅을 해 주실 전문가 한 분을 모셨습니다."

자리에 앉아 있던 임원들이 술렁이기 시작했다. 그가 매스컴으로 잘 알려진 '피터 드러커'란 사실을 모두 알고 있었다. 그런데 왜 갑자기 GM 컨설팅에 관여하게 된 건지 다들 의아해했다. 이때 브라운은 임원들을 향해 조용히 입을 뗐다.

"자, 여러분도 알다시피 저희 회사는 이제 좀 더 전문성을 필요로 하는 시기에 도래했습니다. 이쯤해서 제대로 컨설팅을 받아 보다 발전적인 회사의 모델을 세울 수 있다면 회사에도 이 사회에도 반드시 도움이 되리라 생각됩니다."

브라운 부사장의 말을 듣고 자리에 모인 GM의 임원들 중 절반은 찬성하고 또 절반은 반대하는 분위기였다. 브라운은 뒤에 한 발 물러나 있는 드러커를 임원들 앞으로 내세웠다.

"네. 저는 오늘부터 GM의 경영 컨설팅을 책임질 피터 드러커라고 합니다. 앞으로 많은 도움 부탁드립니다."

드러커는 이렇게 말하면서 GM의 임원들 앞에서 가볍게 목례를 했다. 이때 맨 끝에 앉아서 아까부터 날카로운 눈빛으로 드러커를 쳐다보고 있던 한 사내가 있었다. 큰 체구의 이 사내는 팔짱을 낀 채 이 모든 상황을 가만히 지켜보고만 있었다. 그는 현재 시보레 사업부를 총괄하고 있는 마빈 코일이었다.

"뭐, 경영 쪽이면 우리 회사에 대해서 대충은 알 것도 같은데 그럼 당신이 보기에 우리 GM의 단점은 무엇이라 생각하오?"

드러커는 순간 당황했다. 생각보다 이른 질문이었다. 더군다나 GM의 임원들은 자신들이 맨주먹으로 일으킨 자기 회사에 대한 자부심이 대단히 강한 사람들이 아니던가. 드러커는 당황하지 않고 곧 자신이 생각하고 있던 대로 소신 있게 대답했다.

"GM이 미국에서 차별화된 방식으로 타깃을 정해 고객에 맞는 맞춤형 마케팅을 한 건 포드에 비해 한 발 앞선 전략이라고 생각합니다. 하지만 단점은 기업의 중앙 집권적인 구조를 좀 더 분권화시켜야 하지 않을까 싶군요."

당시에 포드나 일반 대기업들은 회사의 실무를 대부분 회사 경영진들이 총괄하는 중앙 집중화된 구조였다. 회사 경영진들이 방침을 정하고 직원들은 그것을 조용히 따르면 되는 분위기였다. 이 구조는 빠른 속도와 추진력은 갖지만 대신 조직이 경직되고 계층은 단절된다. 드러커는 이런 점들이 개인의 자율적 의지를 강요당하게 만든다고 생각하고 있었다.

코일은 자리에 앉은 채 눈을 감고 드러커의 말을 가만히 듣고 있었다. 그러다 GM의 단점을 말할 땐 곧 표정이 차갑게 굳어졌다.

"드러커 씨, 당신이 회사의 방만한 조직 체계를 알기는 압니까? 분권화를 했을 때 회사의 이익에 대해서는 생각해 본 적 있나요? 더군다나 GM 내에서도 수익이 적게 나는 작은 규모의 파트가 있는데 이걸 분권화한다는 건 가당치도 않아요. 아직 우리 회사는 분권화할 체계나 준비가 되어 있지 않다고요."

드러커는 마빈 코일의 말을 바로 되받아쳤다.

"아니요. 외부에서 인재 양성을 전문으로 하는 전문가를 데려다가 좋은 프로그램을 만들어 직원들을 꾸준히 교육시키면 가능해요."

이에 질세라 코일은 한껏 더 흥분한 목소리로 말했다.

"우리에겐 20년 이상 된 GM만의 방식이 있어요. 그걸 당신이 무슨 자격으로 대체시키겠다는 거요? 우린 우리만의 방식에 전혀 불만이 없어요."

인재를 키워 내기 위해서는 전문적인 교육 인력을 재배치해야 되는데 그 후로도 오랫동안 직원들 교육은 여전히 베일에 싸인 채 철저하게 GM 내부에서만 이루어졌다. 코일을 비롯한 GM의 대부분의 임원은 드러커의 말에 쉽게 동조해 주지 않았다.

하지만 아까부터 임원들 사이에 끼어 조용히 드러커의 의견을 경청하는 사람이 있었다. 그는 바로 GM의 사장이자 최고 경영책임자였던 찰스 윌슨이었다. GM의 임원 대부분이 드러커에게 쉽게 마음의 문을 열지 않았다. 처음부터 GM이라는 거대 조직을 상대하는 일은 결코 쉽지 않은 일이었다.

최초로 희망을 안겨 준 경영 분권화

드러커는 시간이 날 때마다 GM에 관계된 것이라면 모두 직접 발품을 팔며 열심히 돌아다녔다. 드러커는 아직도 마빈 코일의 말이 계속 뇌리에 남아 있었다.

'정말 불가능한 일인가? 그것이 진정 비능률적인 일인가?'

드러커가 생각하는 경영과 GM의 임원들이 생각하는 경영은 달랐다. 하지만 드러커가 GM에서 컨설팅을 진행하는 동안 유독 드러커의 편에 서서 응원해 주는 이가 있었으니 그는 바로 찰스 윌슨이었다.

어느 날 찰스 윌슨은 자신의 집무실로 조용히 드러커를 불렀다.

"드러커 씨, 저는 당신의 생각을 존중합니다. 근데 제가 조만간 군수 산업을 책임지게 될 텐데 조직을 어떻게 운영해야 할지 난감하군요. 전쟁 중이라 마땅히 일할 사람들이 없어서."

윌슨처럼 드러커의 경영 방식에 호의적인 사람이라면 드러커가 주장하는 경영 방식을 직접 시도해 봐도 될 것 같았다. 드러커는 대화 도중 윌슨 앞으로 고개를 돌렸다.

"윌슨 사장님, 그럼 이번 기회에 제가 말한 경영 분권을 한번 시도해 보심이 어떤는지요? 이런 시기에 조직을 효율적으로 관리하는 데 아주 유용한 방식일 겁니다."

윌슨은 드러커의 말을 듣자 표정이 밝아졌다. 윌슨은 실은 처음부터 드러커가 주장했던 경영 방식에 관심을 가지고 있었기 때문이었다.

"좋아요. 안 그래도 이번에 한번 시도해 보려고 했는데 도와줄 수 있겠소?"

"물론이죠."

드러커는 기꺼이 윌슨의 뜻을 따라 주겠다고 대답했다.

GM은 전쟁 중 미국방의 군수 산업에 뛰어들어 융통성 있게 회사를 군수 물자를 제조하는 회사로 변경해 운영했다. 그리고 이 자리에 최고 책임자로 윌슨을 앉혔다. 하지만 문제는 전시 중에 좋은 인력을 빨리 구할 수 없다는 점이었다. 윌슨은 곧 조건에 상관없이 열심히 일할 수 있는 의욕 있는 직원을 모집한다는 공고를 직접 사람들이 몰릴 만한 거리 곳곳에 붙이고 돌아다녔다. 전쟁 중이라 모든 게 귀했던 시절, 누군가에게 특별한 조건 없이 일할 수 있는 기회가 주어진다는 건 큰 행운이었다.

며칠 뒤 많은 사람이 GM이 운영하는 허름한 항공기 공장 안으로 몰려들었다. 그곳에 모인 사람들은 남녀노소 애 어른 할 것 없이 다양한 계층의 사람들이었다. 구름 떼처럼 몰려든 군중 속을 헤집고 작은 키에 제법 왜소해 보이는 사내 한 명이 연단 위로 껑충 올라섰다. 그리고 확성기를 입에 대고 군중을 향해 우렁찬 목소리로 말했다.

"자, 여러분 저는 오늘부터 여러분들과 이곳에서 함께 일하게 될 이 공장의 책임자 윌슨이라고 합니다. 지금 이 순간부터 이 회사의 주인은 여러분입니다."

이때 바닥에 쭈그리고 앉아 있던 중년 여인은 후줄근한 치마에 묻은 먼지를 슥슥 털고 일어서며 물었다.

"윌슨 씨, 그런데 우린 아무것도 할 줄 모르는데 곧바로 일을 할 수 있나요? 난 어떻게 일하는지 하나도 모르는데."

갑자기 사람들이 여기저기서 수군거렸다.

"맞아. 나도 모집 공고만 보고 무작정 달려왔는데……."

"설마 여기 이상한 곳 아닌가?"

공장 안에 모인 사람들을 저마다 걱정 반 기대 반으로 서로 궁금한 심정을 토로했다.

이곳에 모인 사람들 중에는 특별히 교육을 받은 사람도 없었고, 항공기와 관련된 전문적인 일을 경험해 본 사람은 더더욱 없었다. 그저 인생을 살다 어찌하다 보니 여기까지 밀려온 길 위의 부랑자 같은 밑바닥 인생들이었다. 전시 중이었고 조건을 따질 여력이 없었다. 그래서 윌슨은 이들 스스로에게 자체적으로 권한을 부여해 주기로 했다. 공장 앞에 모인 사람들이 웅성거리자 윌슨이 다시 사람들 앞으로 한 걸음 더 나서며 확성기를 입에 대고 큰 소리로 말했다.

"그런 건 걱정 안 하셔도 됩니다. 다 나름의 계획과 규칙이 있으니 그것만 잘 따라 준다면 아무 문제가 없을 겁니다."

사람들은 윌슨의 말을 듣고 저마다 가슴을 쓸어내리며 조금 안심하는 표정들이었다. 개중에는 난생처음 직업을 가져 보는 이들도 몇몇 있었다.

윌슨은 우선 공장 앞에 모인 사람들을 편을 갈라 프로펠러 부품팀, 설비팀, 조립 라인팀으로 분류해 놓고 자신이 가고 싶은 분야를 스스로 정하게끔 했다. 그리고 각 팀마다 장을 뽑아 책임 있게 팀을 꾸려 가도록 권한을 주었다. 이때 덩치 큰 사내 한 명이 설비팀 쪽으로 몸을 돌리다가 갑자기 불만스런 표정으로 윌슨을 쏘아보았다. 사내의 민소매 어깨 사이로 복잡하게 새겨져 문신이 유독 도드라져 보였다. 그리고 눈 옆에 난 칼자국은 어딘가 범상치 않아 보였다. 그는 불량스럽게 껌을 질겅질겅 씹다 바닥에 뱉으며 윌슨을 향해 성난 사람처럼 한마디 쏘아붙였다. 사내의 이름은 톰이었다.

"뭐 우리가 주인이라고? 그런 달콤한 말로 우릴 속이고 나중에 뒤꽁무니에서 딴짓을 하려는 거 아니냐고? 여태까지 우릴 주인으로 대해 주는 곳은 단 한 군데도 없었어!"

주변에 서 있던 사람들은 한껏 흥분된 사내를 말리려 했다. 이에 윌슨이 나서며 말했다.

"그렇다면 이번에는 자신을 한번 믿어 보세요. 이 회사는 여러분이 일한 만큼 만들어지고 유지될 것입니다. 지금은 보잘것없어 보이지만 여러분만의 꽤 멋있는 회사로 바꾸고 싶지 않으세요?"

여전히 몇몇은 불만을 토로하는 사람들도 있었지만 그곳에 모인 대부분의 사람은 윌슨의 말을 한번 믿어 보기로 했다. 사내는 뒤돌아가려다 다시 윌슨을 향해 퉁퉁거리며 말했다.

"한 달만 일할 거야. 그 전에 당신의 말이 틀리다면 난 언제든지 짐을 쌀 거라고!"

"그래요. 하지만 만약 그 반대라면 당신은 스스로 이곳에 남게 될 거요."

당시 대부분의 기업에 고용되어 일하던 직원들은 회사에서 내려오는 방침에 의해 정해진 시간 안에 규칙적이고 반복적으로 일했다. 그들 스스로 회사 일에 적극적으로 나서서 뭔가를 시도한다는 건 상상할 수도 없는 일이었다. 하지만 윌슨은 달랐다. 사람들은 밤 늦도록 엔진 부품을 작업하느라 밤새 옷에 새까맣게 기름때가 묻도록 집에 돌아갈 줄 몰랐다. 하지만 처음부터 어느 정도 예상했던 대로 직원들이 만든 항공기 부품의 모양새가 형편없었다. 부품의 재고량이 창고 한쪽에 산처럼 쌓여 갔다.

"것 봐. 내가 이럴 줄 알았어. 아무것도 할 줄 모르는데 이걸 어떻게 우리보고 만들라 하는지. 차라리 전처럼 삐끼나 할 걸 그랬나?"

항공기 부품 창고 안에서 작업을 하던 직원 중 한 사내가 만들다 고장이 나 버린 프로펠러 엔진 부품을 바닥에 내팽개치며 말했다. 옆에서 함께 작업하던 직원들도 이 사내와 같은 심정인지 하던 작업을 멈추고 다들 바닥에 철퍼덕 주저앉아 버렸다. 여기저기서 한숨 섞인 푸념들을 늘어놓았다.

"맞아. 우린 이쪽 분야에 재주가 없는 거 같아요."

이때 윌슨과 드러커가 공장 안으로 새로운 부품 나사가 든 박스를 한 박스 들고 나타났다. 공장 안의 직원들 분위기가 여느 때와 사뭇 달랐다. 윌슨은 바닥에 여기저기 나뒹구는 깨진 부품 조각들과 공구들을 박스에 주워 담았다.

"여러분, 여러분들이 지금 왜 이렇게 힘들어 하는지 잘 압니다. 하지만 모든 일에는 과정 없이 결과가 나올 수 없죠. 여러분 옆에 쌓이고 있는 재고들을 그저 망친 부품 조각이라 생각 마시고 시행

착오가 곧 좋은 경험이 된다고 생각하세요."

작업대 위에 서 있던 톰이 바닥으로 내려오면 월슨을 향해 매섭게 쏘아붙였다.

"그것 봐요. 그런 말들은 당신 같은 작자나 하는 거라고. 하루 벌어 목구멍에 풀칠하기 바쁜 우리가 인내하면서 일할 시간이 어딨어? 난 지금 당장 때려칠 거야."

톰은 그 자리에서 작업복과 면장갑을 벗어던지고 밖으로 나가 버리려는 순간 이번에는 월슨이 양팔을 벌려 톰의 앞을 가로막았다. 이번에는 월슨도 톰에게 지지 않았다. 월슨은 그대로 톰에게 쓴 소리를 했다.

"톰, 당신의 인생에는 왜 항상 실패만 있는 거요? 한 번쯤은 다른 인생을 살아 보고 싶지 않소? 전처럼 뒷골목에서 비겁하게 남의 돈이나 뜯으면서 사는 게 진정 당신이 바라는 일이오? 지금 이 순간을 극복하면 당신 인생에서 꽤 괜찮은 직장이 생기는 거라고요!"

우락부락한 톰은 처음에는 험악한 표정으로 월슨에게 덤벼들 태세였다. 그러자 이제까지 지켜보고 서 있던 드러커가 그런 톰을 팔로 강하게 제지하며 나섰다.

"톰, 세상에서 자기가 좋아하는 일을 직업으로 삼는 건 쉽지 않아요. 조금만 더 참고서 한번 잘해 봅시다. 여기서 처음이 아닌 사람이 어디 있겠소? 나도 그리고 여러분도, 그리고 톰 당신도 다 처음이잖소."

"당신네 같은 먹물만 먹은 양반들이 우리 심정을 어떻게 알아?"

"우리도 여러분처럼 모든 게 다 처음입니다. 일을 하는 데 있어 신분이나 배경이 뭐가 그리 중요해요?"

톰은 드러커가 한 말에 순간 멈칫했다. 주변의 동료들도 일을 그만두려던 톰에게 달려가 설득했다.

"그래, 톰. 윌슨 씨 말이 맞는 거 같아. 우리 조금만 더 기운내서 해 보자고."

"우리가 만든 항공 부품으로 제트기처럼 빠른 비행기를 만든다고 생각해 보라고. 이건 나중에 손자에게도 자랑할 만한 일이 될 거야."

그들은 모든 게 다 처음이라 힘들었지만 마지막 희망의 끈만큼은 놓고 싶지 않았다. 윌슨과 드러커는 그들에게 지금 필요한 건 특별한 기술보다도 스스로를 믿고 버텨 내 줄 수 있는 인내심이라고 생각했다. 그리고 경영자는 그들의 생각과 마음에 항상 귀 기울여 줄 줄 알아야 한단 사실도 말이다.

직원들은 다시 공구를 들고 마치 아무 일도 없었던 것처럼 자신들의 작업대로 흩어졌다. 이때 윌슨은 긴 소매를 팔목까지 걷어 올리고 자신의 앞에 놓인 칠판을 가져다 다시 부품의 모형을 자세하게 그렸다.

"자, 여러분. 다시 설명해 줄게요. 잘 들어 봐요. 이 엔진은 착륙시, 큰 하중이 발생하거나 엔진 및 프로펠러의 흔들림과 날개의 진동이 연계되어 있어서 큰 위험이 발생할 수 있기 때문에 엔진의 성능이 강해야 해요. 그러므로 엔진 흡입구와 기어박스를 감싸고 있는 부분에 이 부품을 끼워 넣어야 하는 거예요."

사람들은 윌슨의 설명을 듣고 반은 알 것도 같고 또 반은 모를 것 같다는 표정으로 고개를 갸웃거렸다. 그리고 자신이 지금 매만지고 있는 부품을 다시 자세히 들여다보았다. 윌슨은 항공 엔진 부품의 설계도를 더욱 크게 확대해 그려 놓았다.

"음, 이제야 이해가 가네."

"그러게 자꾸 모른다고 하면 더 모르는 거 같아요."

조금 전만 해도 세상의 모든 시름은 혼자 다 지고 가는 양 힘들어 하더니 윌슨의 설명을 다시 듣고 나서는 조금씩 자신이 맡은 업무에 자신감이 붙는 것 같았다.

이때 공장 뒤에서 GM의 간부 한 명이 이 모든 과정을 조용히 지켜보고 있었다. 그는 허름한 공장을 빙 둘러보더니 창고 옆에 수북이 쌓여 있는 재고품들을 한 번 들었다 바닥에 던져 놓으며 눈살을 찌푸렸다.

"이건 뭐, 물건 값보다 재고비가 더 많이 들어가겠구먼. 이렇게 해 가지고 마감 시한까지 맞출 수 있겠어요? 내가 이럴 줄 알았어요. 아무것도 모르는 직원들에게 자치권을 준다고 뭐가 달라지나?

괜한 헛수고일 거요."

GM의 간부들은 자신들이 방대한 회사 조직을 중앙 집권적으로 경영하는 게 자기들만의 특권이라고 생각하고 있었다. 기존의 간부들은 윌슨의 행동을 이해할 수 없었다. 윌슨도 GM 간부의 말이 아무리 같은 회사 동료지만 듣기 거북했다. 하지만 윌슨은 애써 불편한 감정을 누르며 말을 아꼈다.

"저들은 곧 변할 겁니다. 한번 인내심을 가지고 지켜봐 주세요."

드러커도 나서서 한마디 거들었다.

"그래요. 저들은 반드시 멋지게 일을 해낼 거예요."

"대학에서 먹물이나 먹은 양반이 현장에 대해서 뭘 알겠소? 드러커 씨, 당신 때문에 지금 우리 GM이 얼마나 술렁이고 있는지 알기는 합니까? GM은 앞으로가 아니라 지금 당신 하나로 인해서 더 큰 위기가 올 거 같아요."

간부는 귀찮다는 듯이 한마디 덧붙이고는 곧바로 자리를 떴다.

"뭐 크게 기대는 안 합니다. 이 공장 문만 안 닫아도 다행이지……."

시간이 조금씩 지나면서 이 항공기 엔진 공장에 새로운 기운이 감돌았다. 직원들에게 작은 변화가 일어난 것이다. 그들은 적어도 자신이 맡고 있는 분야에서만큼은 쉽게 주눅 들지 않았고, 설령 일을 하다 실수를 하더라도 누군가의 눈치를 보지 않았다. 그들은 저마다 똑같은 작업대에 앉아 반복적인 작업을 할지언정 자신들이 이 공장의 진정한 주인이란 사실을 잊지 않았다. 처음에는 일을 처리하는 속도가 느렸지만 일정 시간이 지나자 일에 속도가 붙기 시작했다. 윌슨이 공장에서 퇴근할 시간인데도 직원들 사이에서는 그들 스스로 각자의 영역을 나누고 팀별로 일을 해결하고자 하는 움직임이 활발하게 일어났다. 직원들은 아주 작은 부품을 손보더라도 스스로 주인이란 생각을 잊지 않았던 것이다.

"윌슨 씨, 퇴근하기 전에 제가 만든 엔진 부품 좀 봐주시고 가세요."

"이번에 저희 팀 실적이 제일 좋으면 보너스 두둑이 챙겨 주시기로 한 거 잊지 않았죠?"

직원들은 언제부턴가 남 눈치 볼 것 없이 윌슨 씨만 눈에 띄면 달려가 적극적으로 궁금한 점을 물어보며 열정적으로 일했다. 어느새 공장 안 작업대 위에선 연일 콧노래가 끊이지 않았다. 그중에는 윌슨 씨가 칠판에 그려 놓은 설계도를 직접 종이에 따라 그린 설계도가 너덜너덜해질 때까지 가지고 다니는 이들도 적지 않았다. 그리고 평소 거칠게 굴던 톰도 어느새 실력이 늘어 완벽에 가까운 부품이 톰의 작업대 위에서 척척 만들어졌다. 그들은 자신들이 하고 있는 일에 자부심이 생겼다. 자신이 맡은 일에 대해 더 많이 알고 싶어 했고, 나아가 자신에 대해서도 더 많이 알고 싶어졌다.

전 세계가 큰 전쟁으로 혹독한 홍역을 앓고 있었다. 크리스마스가 지나자 월슨이 이끄는 GM 항공기 엔진 공장 창고에서 생산해 낸 모든 전쟁 물자는 다른 회사의 전쟁 설비 규모보다 5배나 많이 앞질렀다. 월슨이 시작한 이 일은 기존의 GM 경영진들이 추구해 온 방식보다 훨씬 더 능률적이었다. 기존의 회사 임원들은 조직이 세분화되고 분권화되는 것이 오히려 방대한 조직을 경영하는 데 방해가 된다고 생각했었다. 하지만 그들의 예상은 보기 좋게 빗나 갔다. 결국에는 경영을 분권화하자 조직이 해야 할 일을 세분화해 서 나누고 그 속에서 일하는 구성원들에게 스스로 권한을 줌으로 써 목표를 달성하고 일을 능률적으로 하게 되고 유대감도 강화되 었다.

드러커는 GM을 컨설팅하면서 경영 분권화를 기업의 조직뿐만 아니라 정부 기관이나 다른 사회단체로 확대해 다양하게 적용해 보고 싶은 마음이 생겼다.

밤이 어둑어둑해졌지만 항공기 엔진 공장의 조명은 환하게 밝혀 져 있었다. 직원들은 밤늦은 시간인데도 집에 갈 생각은 하지도 않 고 스스로 알아서 컨테이너로 부품 상자를 실어 나르고 있었다.

월슨 씨는 공장 한쪽에 뒷짐을 지고 서서 이 모습을 흐뭇하게 지 켜보고 있었다. 이때 어색하게 안전 모자를 눌러쓴 드러커가 월슨 씨 곁으로 조용히 다가갔다.

"제가 GM에 온 이후 저에게 최고의 수확인 거 같습니다. 저는 늘 책 속에서만 이론적으로 접근했던 일을 직접 이렇게 제 눈으로 그 과정들을 다 지켜보다니……."

"그런가요? 다 사람이 하는 일입니다. 위기일수록 다 나름의 방법은 있기 마련이죠."

드러커는 평소에 자신이 생각했던 경영에 대한 생각을 윌슨에게 털어놓았다.

"저렇게 직원들 스스로에게 자치권을 주니 더욱 적극적으로 일을 해내는군요. 훨씬 더 능률적이고 경제적이란 생각까지 들어요. 제가 평소 생각하던 경영도 바로 저런 것이었습니다. 노동자들은 기계가 아니라 사람이니까요. 일의 능률을 올리기 위해선 숙련된 노동자가 필요하고 그러기 위해선 일의 결과보다도 항상 노동자들이 무슨 생각을 가지고 사는지 그들의 생각과 마음에 집중해야 돼요."

곁에 서 있던 윌슨도 드러커의 말을 듣고 어느 정도 수긍하는 분위기였다.

"그래요. 앞으로 다가올 다음 세대에게 중요한 경영 가치가 될 겁니다."

적어도 윌슨은 인간 중심의 경영에 가치를 둘 줄 알았다. 드러커는 GM에서 자신과 같은 곳을 바라보는 윌슨과 같은 좋은 동지를 만난 것은 큰 행운이라고 생각했다. 드러커는 GM을 컨설팅하면서 처음으로 경영인이 근로자의 생각과 마음에 항상 귀 기울여 관심을 쏟아 주며 존중해 주는 이 단순한 진리가 결국에는 기업의 생산성 증대에도 크게 기여한다는 사실을 새롭게 깨달았다. 그 후 경영이란 늘 인간을 향해 있어야 한다는 게 드러커의 기본 지론이 됐다.

드러커와 윌슨이 막 공장을 벗어나려는 순간 갑자기 멀리서 얼굴에 검은 기름때를 잔뜩 묻힌 톰이 헐레벌떡 뛰어왔다. 그리고 그 둘 앞으로 어설프게 만든 작은 모형 비행기를 건넸다.

"윌슨 씨, 드러커 씨, 제가 드리는 제 꿈이에요. 전엔 꿈이 없었는데 이젠 달라졌어요."

윌슨은 톰이 건넨 모형기를 높이 쳐들어 한 번 빙 둘러보고는 톰을 쳐다보았다. 톰의 얼굴에선 어느새 거친 야생마 같은 모습은 온데간데없고 온화한 미소만 가득했다. 덩치 큰 톰은 한 손으로 머리를 긁적이며 수줍게 말했다.

"제 꿈은 제가 만든 부품으로 이런 멋진 비행기를 만드는 거예요. 윌슨 씨와 드러커 씨에게는 제 꿈을 미리 보여 드리고 싶었어요."

"오~ 아주 멋진 꿈인데, 그럼 그 비행기의 첫 번째 고객은 나와 드러커 씨로 꼭 예약해 줘요."

톰이 보여 준 꿈은 드러커와 윌슨의 마음 한구석을 뭉클하게 만들었다. 그동안 공들인 시간이 헛된 것 같지는 않았다. 셋은 그 자리에서 서로에게 기분 좋은 너털웃음을 지어 보였다.

드러커는 이 경험을 토대로 그 후 경영학에서 '경영 분권화'를 더욱 체계화시켜 다른 기업들에게 신선한 충격을 주었다. 당시 중앙 집권적인 경영 방식을 채택하고 있던 주변의 기업들은 드러커가 주장한 경영 분권화를 적극적으로 수용했고, 이 방식은 나중에 GM 의 성공 요인 중 한 가지가 되었다.

포드의 추락, GM이 먼저 손을 내밀다

GM 본사 임원 회의실에서는 보기 드물게 이사회가 소집됐다. 이 회의에는 피터 드러커도 참석했다. 회의실에 앉아 있는 임원들은 TV 뉴스로 생중계되는 화면에 집중하고 있었다. 화면 안에서는 포드 자동차의 위기에 대해서 생중계하고 있었다. 화면 안으로 공장 가동이 멈춰진 폐쇄된 포드 공장 앞에서 거친 말들을 쏟아내며 한 무리의 노동자들이 피켓 시위를 하고 있었다.

"우리는 컨베이어 작업대 위에서 일하는 기계가 아니다!"

"우리에게 노동의 자율권을 보장하고 인간답게 대우하라!"

화면 속의 포드 공장 노동자들은 마스크로 얼굴 전체를 가리고 자신들의 불만을 거침없이 쏟아 냈다. 그러나 화면 속 포드사에서는 침묵만 지켰다.

포드사는 20세기 사치품으로만 여기던 자동차에 불필요한 노동력이 소모되지 않는 컨베이어 시스템을 도입해 대량 생산을 가능하게 만들었다. 그리고 당대로는 고임금, 저가격이라는 혁신적인 공정 라인으로 자동차 대중화에 앞장서며 미국을 경제 대국으로 만들었다. 하지만 시간이 지나면서 포드는 빠르게 변화하는 미국 시장을 감지하지 못한 채 예전의 자동차 모델만 고집하다 결국 파산 위기에 놓이게 됐다.

이에 반해 시장의 변화를 감지한 GM은 자동차 대체 수요에 관심을 가지고 새롭고 다양한 자동차를 사고 싶어 하는 소비자층을 정확히 파악해 파격적이고 차별화된 전략으로 자동차 시장에서 급부상하고 있었다. TV 모니터 화면을 한참 들여다보던 임원들의 표정도 썩 밝지는 않았다. 동종 업계가 무너지고 있다는 건 이들에게도 적신호가 될 수밖에 없었다.

임원들은 TV를 끄고도 한참 동안 어두운 표정으로 말이 없었다. 잠시 회의실 안에 정적이 흘렀다. 이때 맨 정중앙에 앉아 있던 고급스러운 실크 양복을 입은 알프레드 슬론이 무겁게 입을 뗐다. 그는 GM의 최고경영자였다.

"여러분, 지금 포드는 벼랑의 끝에 서 있습니다. 더군다나 지금 회사 경영에는 경험이 많지 않은 어린 헨리 포드 2세가 모든 걸 부담스럽게 떠안고 어려움을 호소하고 있습니다. 그는 이제 겨우 20대밖에 안 됐습니다. 여러분의 20대를 한번 생각해 보십시오. 어린 경영인이 회사를 어떻게 운영하고 있을지…… 그렇기 때문에 우리가 먼저 나서야 할 때인 것 같습니다."

슬론의 말을 듣고 갑자기 임원들이 술렁이기 시작했다.

"하지만 우리의 경쟁사를 도와준다는 게 과연 좋은 일일까요?"

"그럼요. 지금은 경영난에 시달리지만 나중에 다시 회복하면 그땐 다시 우리를 추월해 올 수도."

회의실 안에 모인 임원들은 저마다 다들 우려하는 말들을 쏟아 냈다. 이때 슬론은 다시 임원들을 설득했다.

"여러분들이 우려하는 게 무엇인지 너무나 잘 압니다. 하지만 과연 가라앉고 있는 포드를 지켜만 보고 있는 게 우리의 역할일까요? 지금이야말로 우리가 발 벗고 나서서 포드에게 도움을 준다면 그것이 결국엔 저희 회사에게도 좋은 결과를 가져올 거라고 생각됩니다."

슬론의 의지는 확고했다. 처음에 그 자리에 앉아 있던 임원들은 슬론의 말을 듣고 걱정하는 표정들이 역력했다. 슬론은 회사 내에서도 원칙주의자로 유명했다. 그는 합리적이라고 생각되는 안건이 있으면 언제나 그 기준에 맞게 결정을 내리는 사람이었다. 그런 그가 지금 라이벌 상대인 포드를 직접 지원해 주겠다고 나서는 것을

보고 임원들은 조금 의아해했다. 하지만 그는 비교적 회사의 중역
으로 합리적으로 결정을 내리는 상사였다. 임원들은 최고경영자의
말을 무시할 수는 없었다. 그 후 슬론은 GM이 주로 거래하던 은행
인 J. P. 모건과 함께 포드사가 회사 재건에 도움이 될 만큼 후한 자
본을 선뜻 내주었다.

이를 곁에서 쭉 지켜보았던 드러커는 슬론의 생각이 궁금했다.

"슬론 씨, 왜 라이벌 회사를 적극적으로 도와주시는 건가요?"

그는 드러커를 향해 미소를 지어 보이며 말했다.

"라이벌 회사가 파산하는 걸 손 놓고 지켜보는 게 우리 GM의 역
할은 아니지요. 우리가 나서지 않는다면 국가가 나설 것이고, 그럼
결국 그것이 저희 기업에 손해가 되어 돌아올 겁니다. 포드가 미국
에서 자동차의 대중화 시대를 열어놨기에 그 후발주자인 지금의
GM도 존재할 수 있었던 겁니다. 같이 살아야지요. 그래야 또 경쟁
도 할 수 있는 거 아니겠습니까?"

슬론은 상대 기업을 경쟁 관계로만 생각하지 않았다. 그는 기업
이 사회적으로 무슨 일을 해야 하는지 명확히 알고 있었고, 기업의
전문 경영인으로서 필요한 책임감이 무엇인지도 잘 보여 주었다.

드러커는 2년 가까이 GM에서 기업을 집중 조사하여 컨설팅
한 것을 바탕으로 최초의 경영학 저서를 완성시켰는데 그것이

1946년에 출간된 『기업의 개념』이다. 이 책은 제3자의 입장에서 기업과 조직을 연구하고 분석하면서 처음으로 '경영'이란 개념을 확립시키고, 기업에 대한 역할과 개념을 세상에 알린 책이었다. 이 책은 기업이란 단순히 이윤 추구를 위한 집단이 아니라 조직과 구조, 그리고 경영의 자율성을 통해 사회적 역할을 해야 한다고 주장함으로써 나중에 '경영학'의 붐을 앞당기는 데 큰 역할을 했다.

특히 GM이 채택하고 있는 연방식 분권 조직은 분권적 자율단위를 최대의 협동적 통일체로 인식한 것이었는데 이 방식은 성공적이었다. 연방식 분권 조직에서는 직장도 산업 사회의 중간 계급으로서 지위가 주어졌고, 말단 직원에게도 기능과 지위를 주었다. 드러커는 한마디로 회사 조직의 목적은 인간의 창조적 가치와 인간의 욕구를 충족시키는 데 있다고 주장했다. 『기업의 개념』은 출간되자마자 세상의 주목을 받았다.

어느 날 드러커는 아침에 일어나 창가에 앉아 조간신문을 들춰 가며 커피를 한잔 마셨다. 진한 커피향이 코끝을 찔렀다. 커피를 한 모금 더 들이마시며 신문을 읽던 중 그의 표정이 갑자기 어두워졌다.

"『기업의 개념』은 가격 이론과 희소 자원의 배분 문제에 대한 통찰이 결여돼 있다."

"이 유망한 젊은 학자(드러커)는 자신이 지닌 재능을 좀 더 진지한 과제에 경주하길 바란다."

『아메리칸 이코노믹 리뷰』를 포함해 당시 유력 경제지와 경제학계에서는 『기업의 개념』에 대해 비판적인 시각을 쏟아 냈다. 드러커와 평소 친한 경제학자들도 그에게 충고했다. 경제학자, 정치학자로 촉망받고 있는데 무엇 때문에 특정 기업을 다루는 책을 내서 권위를 깎아 먹느냐는 것이었다.

당시만 해도 경제학계는 수요와 공급을 바탕으로 한 가격 이론과 희소 자원의 배분과 같은 '수의 경제학'이 대세였다. 반면 경영학은 경제학을 공부하기에 부족한 사람들이나 하는 학문으로 취급받고 있었다. 그들에게 『기업의 개념』에서 소개한 관리(Management)와 사업부(division)의 개념은 단순히 회사 경영자들의 몫일 뿐 경제학자가 할 일은 아니라는 생각이 지배적이었다. 드러커는 이 책에서 '인간과 사회'를 얘기했지만, 경제학자들은 숫자 타령만 하고 있었던 것이다.

드러커는 자신을 바라보는 불편한 시선에 크게 개의치 않았다. 드러커는 자신의 소신대로 움직였고, 자신의 인생에서 GM을 만난 건 가장 큰 자산을 얻은 거나 마찬가지였다. 그는 신문을 보다 안경을 벗고 관자놀이를 지그시 눌렀다. 그동안의 피로가 두통으로 엄습해 오고 있었다.

5장

현대 경영학의 르네상스를 열다

현대 경영학의 시대를 열다

1949년 말, 드러커의 가족은 버몬트를 떠나 다시 뉴욕으로 이사를 왔다. 7년 만의 일이었다. 드러커도 뉴욕 맨해튼에 있는 컬럼비아 대학교의 교수로 취임하기로 돼 있었다. 컬럼비아 대학은 미국 동부 8개 명문 사립대학인 아이비리그에 속하는 세계 최고 수준의 학교였다.

드러커는 새 학기 개강을 며칠 앞두고 컬럼비아 대학을 찾았다. 햇빛을 받아 잘 정돈된 넓고 깨끗한 잔디밭과 고풍스런 건물들이 오래된 전통을 말해 주는 것 같았다. 멀리 미국의 3대 대통령 토머스 제퍼슨 동상이 햇빛을 받아 반짝거렸다.

드러커는 차를 대학교 교수 전용 주차장의 한 귀퉁이에 주차해

두고 교수실로 향했다. 이제 곧 세계의 유능한 인재들이 거쳐 간 이 대학에서 강의를 할 수 있다고 생각하니 벌써부터 마음 한구석이 어린아이처럼 설레었다. 드러커는 어젯밤부터 준비한 책과 묵직한 자료들을 한가득 들고 복도를 지나가다 마주치는 학생들과 짧은 눈인사를 주고받았다.

그런데 이상하게도 자신의 이름 문패가 달린 교수실을 찾을 수가 없었다. 드러커는 무거운 책과 자료를 들고 자신이 서 있던 위치에서 복도 끝까지 수차례 걸으면서 '피터 드러커'란 문패를 찾아다녔다. 한참을 서성이던 그는 발걸음을 돌려 조교실로 향했다.

"아직 소식 못 들으셨어요?"

"소식이라뇨?"

드러커는 조교의 말에 의아해했다.

"아이젠하워 총장이 재정난 때문에 교수 채용을 안 하시기로 했대요."

"뭐라고요? 그런데 왜 사전 통보도 없이……."

드러커는 조교실을 나와 맥없이 복도 한복판에서 자신이 준비해 온 무거운 자료와 책들을 부둥켜안고 한동안 멍하니 서 있었다.

허탈했다. 그는 조금 전의 설렘을 뒤로하고 차를 주차장에 내버려 둔 채 쓸쓸하게 맨해튼 거리를 방황했다. 날이 어두워지자 차가운 밤바람이 불어와 그의 얼굴을 매섭게 때렸다. 드러커는 밤바람보다도 갑작스레 실업자가 된 냉혹한 현실이 그의 마음을 더욱 춥게 만들었다. 늦은 밤이 되자 맨해튼의 고층 빌딩 숲 사이로 거리의 가로등에 하나둘씩 불이 켜졌다. 이 수많은 불빛 중에 드러커가 일할 수 있는 곳은 어디에도 없었다. 깊은 한숨이 새어 나왔다. 그는 손을 바바리코트 주머니에 깊숙이 찔러 넣고 무작정 걸었다.

이때 누군가 그의 어깨를 툭 쳤다.

"아니, 드러커. 여기서 뭐하고 있는 건가?"

그는 드러커가 평소 알고 지내던 뉴욕 대학교의 앤드류 교수였다. 드러커는 우울한 심정으로 말했다.

"컬럼비아 대학 교수로 채용됐는데, 오늘 강의를 준비하러 학교에 갔더니 재정난 때문에 채용이 취소됐다지 뭡니까?"

앤드류 교수는 말없이 드러커의 축 처진 어깨를 따뜻하게 다독여 줬다. 그러다 무슨 생각이 났는지 표정이 갑자기 밝아졌다.

"드러커, 우리 대학교에 매니지먼트학과(경영학과)를 신설할 예정인데 지금 교수 여러 명을 후보에 올려놓고 물색 중이에요. 어때요, 한 번 도전해 보는 게."

잔뜩 풀이 죽어 있던 드러커는 앤드류 교수의 말을 듣자 비로소 얼굴이 환해졌다. 앤드류 교수는 드러커의 손을 힘껏 잡아 주며 말했다.

"내가 거기에 당신 명단도 올리도록 노력해 보겠소."

"고맙습니다. 정말 고마워요."

얼마 뒤 드러커는 앤드류 교수의 도움으로 뉴욕 대학교 매니지먼트학과의 학부장으로 취임했다. 당시 대학의 경영학과는 기업 경영 등 비즈니스보다는 정치학이나 행정학에 더 가까운 학문으로 취급돼 왔다. 반면 드러커는 경영학을 비즈니스와 밀접하게 접목하는 것에 더 관심이 많았다.

드러커는 이 무렵 하버드 대학교로부터 여러 번 교수 제의를 받았다. 그러나 모두 거절했다. 이유는 하버드 대학 교수는 한 달에 3일 이상 외부 컨설팅을 해서는 안 된다는 엄격한 규정이 있었기 때문이다. 경영학은 실무 경험이 무척 중요하다는 게 드러커의 생각이지만 하버드 대학의 교수 방침을 따르려면 드러커가 생각하는 '살아 있는 학문'을 완성할 수 없었다. 결국 드러커는 세계적 명문대인 하버드 대학 대신 실무 경험을 쌓을 수 있는 뉴욕 대학을 선택했다. 드러커의 이 같은 결정은 경제학에 비해 상대적으로 경영학을 천대했던 당시 학계의 풍토에 맞서는 지난하고 외로운 싸움의 시작을 예고했다.

『기업의 개념』이 출간되었을 때에도 그랬던 것처럼 정통파 경제학자들은 드러커가 매니지먼트학과를 개설해 경영학을 가르치는 것을 여전히 대수롭지 않게 여기고 있었다.

가을이 깊어질 무렵, 드러커는 학회를 다녀오다 엘리베이터 안에서 미제스와 마주쳤다. 미제스는 드러커 아버지의 제자이자 자유주의 경제학자이기도 했다. 당시 미제스는 2차 세계대전이 발발한 이후 미국으로 건너와 뉴욕 대학교의 경제학 교수로 학생들을 가르치고 있었다. 그는 드러커를 보자마자 못마땅하다는 듯이 쓴소리를 뱉어 냈다.

"자네는 유능한 경제학자로서 얼마든지 편한 길을 갈 수 있는데 요즘 경영학이라는 학문을 가르친다면서?"

"네. 앞으로는 경제학만큼이나 경영학이 중요해질 거라고 생각합니다."

"자네가 그걸 어떻게 아나? 이렇게 경제학을 무시하고 다니는 걸 자네 아버지가 알고 계시는지 모르겠군."

당시 경영학은 경제학을 공부하기에 부족한 사람들이 하는 것쯤으로 취급받았다. 기존의 정통 경제학파들은 굳이 경영학을 체계화할 필요성을 느끼지 못하고 있었다.

미제스의 질문이 이어졌다.

"그래, 자네가 생각하는 경영학은 뭐하는 학문이라 생각하나?"

드러커는 미제스의 말이 떨어지기 무섭게 자신의 생각을 말했다.

"기업의 생산 활동과 구성원들의 생산성을 향상시키는 방법은 경제학에 뿌리를 두고 있지만, 경영학은 이를 실천하는 학문이라고 생각합니다. 기업을 이끌어 가는 경영진과 임직원이 제대로 움직여 줘야 경제가 활력을 띠고 그만큼 인간의 가치도 덩달아 높아질 테니까요."

드러커는 인간이 잘 살 수 있도록 해야 하는 학문이 경영학이어야 한다는 믿음에는 조금의 흔들림도 없어 보였다. 그래서 그는 경제의 효율성보다는 사람을 강조했던 것이다. 자유주의 경제학자인 미제스도 사실은 대량 수요가 기업 경제를 번영시키는 원동력이라고 진작부터 생각하고 있었다. 하지만 그 초점이 미제스는 경제학이라 생각했고, 드러커는 경영학이라고 믿고 있었을 뿐이다.

미제스는 드러커가 자신의 뒤를 이을 만한 뛰어난 경제학자가 되길 바랐다. 하지만 드러커는 경영학에 대한 자신의 생각이 너무나 확고했다.

"하지만 그 구성원들이란 게 너무 막연하고 가변적이지 않은가? 근로자들은 그때그때마다 스스로 자신이 맡은 일을 정확하게 판단하기 힘드네."

이에 드러커는 단호한 어조로 반박했다.

"아닙니다. 생산 현장에서 일하는 근로자들에게 집중하고 관심을 가져 주는 것 자체가 생산성 증대와 아주 밀접합니다. 저는 이 과정을 GM에서 컨설팅을 하면서 그들이 어떻게 변화하는지 직접 확인했습니다. 이런 과정이 결국에는 인간의 행복을 증진시키는 것과 밀접한 관련이 있다고 생각합니다."

드러커는 기업의 생산 활동과 그 조직 내에 있는 구성원들의 생산성을 향상시키는 방법에 대해 연구하는 학문이 경영학이라고 생각했다. 특히 현대 산업 사회에서 기업의 경영자가 경제적 자원을 잘 활용해 인간의 소비 생활을 향상시키는 것이 곧 인간의 행복으로 연결된다고 믿었다.

"자네는 너무 휴머니즘이 강해. 그런 몽상가적 기질은 경제인에게 아주 위험하네. 자네가 이러니 맨날 정통 경제학파들에게 무시 당하는 거 아닌가?"

정통 경제학자 출신인 미제스가 듣기에 드러커의 말은 허무맹랑하게만 보였다. 미제스는 드러커에게 한마디 덧붙였다.

"좋아. 자네와 난 시각이 다르다고 해두지. 어떤 게 인간의 삶에 더 좋은 학문인지는 앞으로 밝혀지겠지."

미제스는 자신의 주장에 대해 한 발자국도 물러서지 않으려고 하는 드러커를 이해할 수 없었다. 더구나 그는 드러커 아버지의 제자이자 학계의 선배였다. 드러커 역시 안타깝기는 마찬가지였다. 미제스의 주장도 일리는 있지만 앞으로 경영학이 경제를 이해하는 중요한 축으로 역할을 할 것이란 믿음은 확고했다.

엘리베이터를 타고 맨 꼭대기 층까지 올라오는 동안 둘은 더 이상 말이 없었다. 미제스는 엘리베이터에서 내리자마자 뒤도 안 돌아보고 교수실로 발걸음을 옮겼다. 누가 봐도 잔뜩 화가 난 표정이었다.

주변의 우려에도 불구하고 드러커는 마침내 현대 경영학에 새로운 붐을 일으켰다. 뉴욕 대학 경영대학원에서 최초로 경영학을 독자 학문으로 가르치기 시작한 1950년대부터 22년간 교수직을 유지했다.

사실 경영학은 오래전부터 존재해 왔다. 하지만 수많은 연구를 통해 방법론을 제시하고 하나의 뚜렷한 직업으로 체계화시킨 인물은 바로 피터 드러커였다. 그는 미래에 기업의 역할이 훨씬 중요해지고, 그 기업에서 발생하는 복잡한 문제를 해결하는 데 도움이 되도록 경영의 큰 틀을 제시했다. 드러커는 앞으로의 사회에서는 지식 근로자가 생산 요소에 많은 영향을 미칠 수 있다고 생각하고 이 지식 역할을 하는 사람을 '경영자'라고 정의했다. 이 경영자가 되기 위해 배우는 학문이 바로 '경영학'이라는 것이다.

드러커는 교단에서 교편을 잡는 한편 한 발 더 나아가 왕성한 저술 활동을 통해 경영학을 체계적인 학문으로 탄탄히 구축해 나갔다. 드러커는 뉴욕 대학교에 22년 재직하는 동안 경영학과 사회과학에 관한 책을 10여 권 저술했다. 또한 그는 경영에 대한 관심을 갖게 되면서 생산 양식이 대량 생산 방식으로 굳어진 산업 사회의 문제를 분석해서 다룬『뉴소사이어티 : 산업 질서의 해부』(1950)를 출간했다.

특히 『단절의 시대』(1969)에서 드러커는 1960년대에는 기존의 자본과 노동의 역할이 끝나고 지식이 주요 생산 요소를 넘어 유일한 생산 요소가 되고 있으며, 앞으로 지식사회가 도래할 것을 예견하기도 했다. 또 지식사회에서는 소비나 투자와 같은 효율성보다 지식이 우선시된다고 보았다. 그는 이 책에서 처음 '지식 노동자'라는 용어를 쓰기도 했다. 드러커는 노동자의 재교육과 인성이 밑바탕이 된 노동자가 만든 제품이 생산성 가치에도 기여한다고 보고 지식 노동자를 비용이 아니라 자산으로 인식해야 한다고 주장했다. 때문에 드러커는 나중에 거대 기업들에게 "노동자를 부품이 아닌 인간으로 대우하라"고 외치기도 했다. 이 책은 경영과는 상관없이 정부기관에서 그 가치를 인정받아 베스트셀러가 되었다.

또 『경영의 실제』(1954)에서는 경영자란 경제적 자원을 체계적으로 조직함으로써 인간의 생활을 향상시킬 수 있는 사람이라고 정의했다. 인간의 행복은 재화의 소비 수준을 높여서 달성된다는 것과 경영자는 경제적 발전을 통해 인간 생활의 향상과 사회 정의를 실현하는 가장 중요한 원동력이라고 보았다. 이 책은 출간되자마자 전 세계적으로 베스트셀러가 되었고, 현대 경영학의 체계를 세운 책이라는 찬사를 한 몸에 받았다.

드러커는 이 책에서 가장 중요한 화두 세 가지를 던진다.

"우리가 하는 사업은 무엇인가?"

"우리의 고객은 누구인가?"

"우리의 고객이 추구하는 가치는 무엇인가?"

이런 질문들에 대한 대답은 경영자들에게 가치 경영, 가치 혁신, 경영 혁신으로 눈을 돌리게 하고, "사업의 목적은 고객을 창출하는 것이다"라는 새로운 결론을 얻게 했다.

드러커는 이렇게 왕성한 저술 활동과 기업 컨설팅을 통해 경영학에 새로운 화두를 던지고 현대 경영학에 새로운 지평을 열었다.

뉴욕 대학교 비즈니스스쿨의 매니지먼트학과가 곧 유명해지기 시작했고, 드러커의 가르침을 받은 많은 인재가 배출되었다. 뉴욕 대학교는 그 후 하버드 대학과 MIT에 다음으로 매니지먼트학과를 정식 과목으로 채택하는 대학교가 되었다.

1971년 드러커는 어느새 정년 퇴임을 앞두고 있었다. 경영학에 대한 큰 포부를 안고 당당하게 뉴욕 대학교 교정으로 걸어 들어온 게 엊그제 같은데 어느새 그는 두꺼운 돋보기안경을 쓰고 백발이 성성한 60대 노교수가 되어 있었다.

그는 교수실 창가로 다가가 커튼을 열어 젖혔다. 대학 교정에는 풋풋한 새내기들이 삼삼오오 짝을 지어 정답게 담소를 나누고 있었다. 갑자기 앳된 여학생 몇 명이 볼이 발그레해지며 까르르 웃었다. 이를 멀리서 지켜보는 드러커의 주름진 입가에도 미소가 절로 번졌다.

드러커는 저렇게 해맑은 젊은이들에게 그동안 자신이 가르쳐 온 학문이 어떤 희망을 주었을까를 잠시 생각했다. 드러커의 학문의 화두는 늘 인간을 향해 있었다. '인간을 향한 경영학'을 펼치는 그가 주변 사람들의 시선에는 엉뚱한 몽상가쯤으로 보일 때도 많았다. 하지만 드러커는 전혀 굴하지 않고 자신의 길을 묵묵히 걸어왔다. 그의 숱한 바람들 속에는 인간은 누구나 행복을 추구할 권리가 있고 그런 인간의 자율의지는 반드시 존중받고 지켜져야 된다는 강한 믿음이 깔려 있었다.

드러커는 창가에 서서 한동안 생각에 잠겨 있다가 자리로 돌아와 책상 아래에서 짐 상자를 하나 꺼냈다. 그리고 그 안에 22년간 그와 함께 동거동락하며 묵혀 두었던 짐들을 차곡차곡 담기 시작했다. 그는 이제 마지막 강의를 앞두고 있었다.

다음 날, 강의실 안은 여느 때와 달리 다소 엄숙해 보이기까지 했다. 강의를 끝내고 드러커는 무겁게 입을 뗐다.

"자, 여러분. 그동안 제 강의를 들어 주시느라 모두 수고 많았습니다. 끝으로 경영학에 대해 궁금한 점 있으면 질문해도 좋아요."

학생들은 서로의 얼굴들만 쳐다볼 뿐 말이 없었다. 평소 질문을 되묻는 걸 좋아하던 드러커가 학생들을 한번 돌아본 뒤 입을 열었다.

"자, 그럼 끝으로 제가 여러분께 당부의 말씀을 한마디 드리죠."

학생들은 다들 드러커의 입에서 거창한 질문이 쏟아질 것 같아 잔뜩 기대하고 있는 표정들이었다. 그러나 그의 바람은 생각보다 소박해 보였다. 그는 학생들에게 짧은 당부의 말을 한 뒤 교탁 아래에서 작은 피라미드 구조의 모형물을 들어 올렸다. 학생들은 의아한 눈빛으로 노교수를 쳐다보았다.

"자, 여기 피라미드 구조물이 하나 있습니다. 분명히 이 피라미드를 만든 사람이 살았던 4000년 전에도 미미했지만 경영학은 존재하고 있었을 겁니다. 자, 그렇다면 이 피라미드의 맨 윗부분을 경영자라고 해 두고 그 아랫부분에는 근로자들이 있다고 칩시다."

자리에 앉아 있는 학생들은 드러커가 무슨 말을 하려는지 무척 궁금해하는 눈빛이었다. 피라미드 모형을 들고 있던 드러커의 설명이 계속 이어졌다.

"경영자가 이렇게 맨 위에만 있으면 아래에서 무슨 일들이 일어나는지 전혀 보이지가 않죠. 시각도 좁아질 수밖에 없죠. 하지만 이 피라미드를 거꾸로 뒤집으면 어떨까요?"

드러커는 삼각뿔 모양의 피라미드 모형물을 거꾸로 뒤집었다.

"경영자가 이렇게 맨 아래로 내려와 있으면 평소에 안 보였던 부분들이 보이기 시작합니다. 시야가 그만큼 넓어지죠. 바로 근로자들의 삶이 어떠한지 주의 깊게 들여다볼 수 있는 기회가 생기는 겁니다. 경영인은 바로 이 거꾸로 된 피라미드 구조처럼 가장 낮은 곳에서 가장 높은 곳까지 내다볼 수 있는 통찰력을 가지고 살아가야 합니다. 항상 근로자들 위에서 군림하지 말고 가장 낮은 곳에서 그들의 생각과 마음에 귀 기울여 서로 소통할 줄 알아야 합니다. 경영인이 추구하는 건 누군가의 행복이라는 사실을 항상 잊지 말길 바랍니다."

드러커가 강의를 마치자 학생들의 뜨거운 박수갈채가 쏟아졌다. 드러커도 20여 년간의 큰 숙제를 끝낸 것 같아 가슴 한쪽이 뭉클해졌다.

은퇴 후 인생 제2막에 도전하다

드러커는 1971년 퇴임 후 클레어몬트 대학교에서 한 통의 전화를 받았다.

"드러커 선생님, 클레어몬트 대학에 경영자들을 위한 대학원을 신설하려고 합니다. 선생님께서 함께 참여해 주시면 영광이겠습니다."

"그래요? 생각 좀 해 보고 전화 드리겠소."

드러커는 전화를 끊은 뒤 잠시 생각했다. 뭔가 새로운 일에 도전하기 좋아하는 드러커는 이번 제안을 그냥 넘어갈 리가 없었다. 더군다나 교수직에서도 물러난 터라 맨해튼에 부부가 남아 있을 이유는 더더욱 없어 보였다. 그는 창가로 다가가 창문을 활짝 열어 젖혔다. 거리 밖의 네온사인이 하나둘씩 불을 밝히고 차선 위로 복잡하게 늘어선 차들이 신호를 기다리고 있었다. 젊은이들에게는 낭만적으로 보일 도시의 불빛들이 예순을 훌쩍 넘긴 드러커에게는 번잡스럽고 어수선하게만 보였다.

"여보, 더 이상 고민 말고 떠나요. 캘리포니아는 우리처럼 노년을 보내러 온 사람들이 많대요. 뭣보다 조용하고 한적하니 살 만할 거예요."

어느새 아내 도리스가 그의 곁에 와서 드러커의 생각을 거들었다. 오랜 시간 함께한 부부는 이제 서로의 눈빛만 봐도 금세 생각을 읽어 냈다.

"그래요. 거기 가면 또 다른 일이 나를 기다리고 있을 거요. 생각만 해도 설레요."

드러커의 가슴 한쪽에는 언제나 빈이 자리 잡고 있었다. 그는 늘 고향이 그리웠다. 안 그래도 정년 퇴임을 하면 빈으로 다시 돌아갈까, 아니면 새로운 곳에 터를 잡고 노후를 보낼까 고민했는데 도리스까지 생각을 보태자 클레어몬트 대학교의 제안을 받아들이기로 마음을 굳혔다.

며칠 뒤 그는 짐을 싸서 가족들과 함께 클레어몬트 대학교로 향했다. 클레어몬트는 미국 캘리포니아 남서부에 있는 도시로 LA에서 족히 40킬로미터는 넘게 떨어져 있다. 이 도시는 산과 강으로 둘러싸여 빼어난 경관을 자랑하는 곳으로도 유명하다.

차로 얼마나 달렸을까? 소문대로 멀리 푸르른 가로수들이 하늘을 뒤덮고 양쪽 길가의 오래된 집 사이로 예쁘게 가꾼 정원들이 한눈에 들어왔다. 사람들은 한참을 걷다 가로수 아래 벤치에 누워 편하게 책을 읽으며 망중한을 즐기는 듯했다. 그렇게 좁은 골목을 통과하자 클레어몬트 대학교라는 이정표가 눈에 들어왔다. 드러커는 왠지 이곳에서 제2의 인생이 본격적으로 시작될 것 같은 좋은 예감이 들었다.

드러커는 이곳 캘리포니아에서 최초로 직장인을 위한 최고경영자 과정인 eMBA를 개설하는 데 결정적인 역할을 하였다.

주변 사람들은 드러커가 퇴임 이후에도 또 일을 벌이는 것에 대해 핀잔을 늘어놓았지만 그는 이 경영대학원을 통해 좀 더 체계적으로 미래의 최고 CEO를 양성하고 싶은 마음이 컸다.

드러커는 이곳에서 사회과학 및 경영학 분야의 명예직인 마리 랜킨 클라크 석좌교수로 재직하면서 생을 마감하는 날까지 많은 저술 활동과 기업을 상대로 컨설팅을 해 나갔다. 1987년 이곳의 이름을 '피터 드러커 경영대학원'이라고 명칭을 바꿀 정도로 그의 명성은 높아만 갔다. 그는 스스로 이 시기를 "자신의 인생에서 가장 생산성이 높았던 시기"라고 회고했다.

특히 그는 20년 동안 최고경영자를 위한 다양한 컨설팅을 해 나가며 이 분야에서는 타의 추종을 불허했다. 드러커가 CEO를 대상으로 하는 최고경영자를 위한 강의는 인기가 날로 높아져 언제나 문전성시를 이루었다.

드러커는 퇴임 후에도 20년 동안 틈틈이 뉴욕 대학교를 방문하여 CEO를 대상으로 특강을 하는 것도 잊지 않았는데, 특히 최고경영자 과정은 인기가 많아 수강생들을 다 수용할 수가 없어 수영장의 물을 통째로 다 빼고 그 바닥에 수백 개의 의자를 빼곡히 들여놓고 강의를 해야 할 정도였다.

드러커는 많은 수강생 틈을 비집고 들어와 재킷을 벗어 한쪽에 내려놓고 소매를 팔뚝까지 걷어 올리며 넥타이를 느슨하게 다시 고쳐 맸다. 강의를 시작하기 전에 하는 드러커만의 긴장 풀기다. 본격적으로 강의가 시작되면 그가 하는 작은 것조차 놓칠세라 수강생들의 눈빛은 드러커가 쏟아 내는 말 한마디와 제스처에 온통 집중되었다.

수강생 중에는 제너럴일렉트릭(GE)의 최연소 최고경영자로 유명한 잭 웰치도 끼어 있었다. 드러커가 왕성하게 활동하면서 그의 명성이 높아지자 세계의 우수한 기업의 최고경영자들까지 그에게 조언을 구하러 왔다. 그중 잭 웰치도 있었던 것이다. 젊은 나이에 경영권을 승계 받았던 잭 웰치는 사업이 확장되면서 기업이 점점 더 규모가 커져서 경영을 어떻게 해야 효율적인지 고민이 많았다.

1981년 그는 드러커의 특강이 끝난 뒤 GE 본사로 드러커를 불러 들여 조언을 구했다.

"선생님, 제가 요즘 기업 경영에 애를 먹고 있습니다. 갈수록 방만해지는 기업을 어떻게 경영해야 할지 고민입니다."

드러커는 잭 웰치의 말을 듣고 나서 한동안 침묵했다. 그러고 나서 오히려 잭 웰치에게 되물었다.

"당신이 현재 그 사업을 하고 있지 않다고 칩시다. 그렇다면 지금이라도 그 사업에 뛰어들 의향이 있습니까? 아니면 현재 이 사업을 하고 있다면 어떻게 할 생각입니까?"

드러커의 질문은 꽤나 단순해 보였다. 하지만 이런 조언이 잭 웰치가 방만한 조직을 경영하는 데 큰 도움이 됐다. 그는 드러커의 조언을 듣고 자신에게 가장 필요한 건 결단력이라고 생각하고 단호하게 수익성 없는 사업을 정리함으로써 GE를 세계 최고의 기업으로 성장시킬 수 있었다. 먼 훗날 잭 웰치는 '1등 아니면 2등'이라는 정책으로 경쟁력 없는 사업은 모두 매각하거나 강력한 구조 조정을 단행한 것으로 유명하다.

드러커는 이 시기에 예술에 대한 관심이 많았다. 특히 일본화를 소장하고 개인 전시를 열었는데 나중에 강의를 할 정도로 예술에 대한 깊은 조예를 드러내기도 했다. 그는 이외에도 1975년부터 20년간 세계 최고의 경제 전문지 『월스트리트 저널』에 매월 한 번씩 기고하는 계약을 맺고 고정칼럼을 쓰면서 끊임없이 현실 경제와 경영에 대한 화두를 던졌다. 『포브스』, 『이코노미스트』, 『포춘』, 『하버드 비즈니스 리뷰』 등에도 칼럼을 썼는데, 이런 활동을 통해 그는 실물 경제에 대한 오피니언 리더로서의 역할을 톡톡히 해냈다.

이 시기에 저술한 많은 책 중 『경영 : 과제, 책임, 실제』(1974)에서는 경영의 과거와 미래를 분석했다. 생산적인 과업을 수행하고 성취 의욕이 있는 근로자를 양성할 것을 강조했고, 기업의 사회적 책임을 도모할 것을 제시했다. 『방관자의 모험』(1979)은 그가 69세에 쓴 자서전 성격의 책이다. 자신이 어릴 적부터 겪었던 일들을 인문학적 소양으로 풀어냈다. 『기업가 정신』(1985)에서는 경제 현실이 '관리 경제'에서 '기업가 경제'로 바뀌고 있음을 파악해 혁신을 성공적으로 추진하기 위한 기회를 7가지 방법으로 정리해 제시했다. 특히 드러커는 『새로운 현실』(1989)에서 '역사의 경계'라는 개념을 도입해 역사를 시대적으로 보는 것이 아니라 연속과 변화라는 차원에서 4개의 역사적 경계로 구분지어 설명했다. 이 책에서 드러커는 1965년부터 새로운 경계, 즉 다시 말해 '새로운 현실'이 시작되었다고 보고 있으며 다음 세기는 이미 시작된 지 오래라고 주장하기도 했다. 그는 주제도 미국 문제에만 머물지 않고 유럽, 소련, 일본, 개발도상국의 정치, 경제 사회에 대해 광범위하게 다루었다. 이 책은 미래에 초점을 맞춘 게 아니라 내일을 생각하면서 오늘 우리가 직면한 문제가 무엇인지에 대한 화두를 던지며 사회적으로 큰 반향을 일으키기도 했다.

1989년 어느 날 '서비스마스터'의 윌리엄 폴라드 회장은 임원들과 함께 드러커를 만나기 위해 클레어몬트 대학교 경영대학원으로 찾아왔다. 이들은 기업 컨설턴트로 유명한 드러커에게 궁금한 점이 한두 가지가 아니었다. 하지만 그들이 원하는 답을 얻기 위해서는 드러커가 되묻는 질문에 먼저 답을 내놔야 했다. 일종의 최고의 명답을 얻기 위한 짧은 관문인 셈이다. 드러커는 이번에도 최고경영자들이 자문을 해 올 때마다 하는 질문들을 먼저 던졌다.

"여러분들이 하는 사업은 무엇이죠?"

회장을 비롯한 임원들은 별 싱거운 질문을 다 한다고 자신들의 생각을 말했다.

"아파트나 주택에 사는 바퀴벌레를 박멸하는 일입니다."

"주택에 청소 의뢰를 받고 깨끗하고 완벽하게 청소하는 일이지요."

드러커는 이들의 말을 단번에 자르며 말했다.

"아니요. 다 틀렸습니다. 당신들은 아직도 자신들이 무슨 사업을 하는지 정확히 이해하지 못하고 있는 거 같군요. 여러분들이 하는 사업은 숙련이 덜된 사람을 훈련시키고 그런 그들이 현장에서 자기가 맡은 곳에서 제 기능을 발휘하도록 하는 일입니다."

"아…… 그렇군요. 저희의 생각이 짧았습니다."

회장과 임원들은 그제야 드러커가 던진 질문의 참뜻을 알 것 같았다. 서비스마스터는 보통 사람들이 일하기 꺼려하는 직종 중 한 가지였다. 이곳에서 일하는 대부분의 사람은 학력이 짧거나 사회에서 변변한 일자리 경쟁력에서 밀려난 이들이 지원하기에 그들에게 천한 이미지의 일이라는 것을 과감하게 지워 버리게 만들 필요성이 있었다. 그러기 위해서는 지원한 사람들에게 강한 동기가 부여되어야 일의 능률을 올릴 수 있었다.

드러커는 이렇게 항상 최고경영자들에게 '우리의 사업은 무엇이고, 또 그 사업이 무엇이어야 하는가'를 끊임없이 반문하게 만들었다. 그래서 그들로 하여금 스스로 고민하게 만들었던 것이다. 기업은 고객을 위해 존재하고 기업의 목적은 시장을 창조하는 것이라는 것을 깨닫게 하기 위해서였다. 고객을 만족시키기 위해서는 혁신이 필요하고 이 혁신은 시장에 기반을 두고 사업의 일부분이 아닌 전 분야에서 수행되어야 한다고 생각했던 것이다.

나중에 이 기업은 드러커의 말대로 전 직원들에게 자신의 일에 누구보다도 자부심을 느낄 수 있는 교육 커리큘럼을 짜고 재교육시킨 결과 30억 이상의 매출을 올릴 수 있었다. 모두 드러커의 조언 덕분이었다.

현대 경영학의 창시자, 먼 여행을 떠나다

이른 아침부터 클레어몬트 시의 호숫가에 안개가 서려 있었다. 드러커는 아침 일찍 일어나 여느 때처럼 한 손으로 지팡이를 짚고 동네 한 바퀴 산책을 다녀온 후였다. 처음에는 불편했던 지팡이도 이제는 어느덧 자신의 신체 일부처럼 친근하게 느껴졌다. 그는 불현듯 스핑크스의 사자가 낸 수수께끼가 떠올랐다.

'아침에는 네 다리로, 낮에는 두 다리로, 저녁에는 세 다리로 걷는 짐승이 바로 '인간'이라고 했던가……'

드러커의 인생도 이제 어느덧 저녁을 향해 달려가고 있었다. 어릴 적에는 그저 재밌는 수수께끼쯤으로 생각했었는데, 이제 와 생각해 보니 이렇게 사람의 인생을 함축적으로 잘 표현한 말이 또 있을까 싶었다.

그는 거실 서재 한쪽에 지팡이를 내려놓고 책상 앞에 앉았다. 그는 책장에 빼곡히 들어찬 빛바랜 책들을 손으로 가만히 어루만져 보았다. 그리고 곧 서재에서 뭔가를 찾으려다 그만 한쪽 귀에 끼워져 있던 보청기 한 개가 바닥에 떨어졌다. 그는 자신이 방금 전에 뭔가를 찾으려 했던 것도 까맣게 잊은 채 바닥에 떨어진 보청기를 찾는 데 온 신경이 쏠려 있었다. 드러커도 이제는 책상 앞에 앉아 일을 하고도 바로 돌아서면 잊어버릴 정도로 그의 나이는 이미 팔순을 훌쩍 넘긴 뒤였다.

돌이켜 보면 경영학자이자 네 명의 아이들의 아버지로 숨 가쁘게 살아온 날들이었다. 그는 이 작은 노력마저 귀찮아지자 곧 자리를 훌훌 털고 앞마당 정원으로 나갔다.

아내가 철마다 잘 가꾸어 놓은 정원 한가운데에 작은 벌집을 한 통 발견했다. 꿀벌들은 아까부터 벌집에서 나와 이름 모를 여러 꽃들 위에서 쉼 없이 꿀을 퍼 나르고 있었다. 드러커는 가만히 벌집 안을 들여다보다 문득 우리 인간들이 만들어 놓은 사회도 이렇게 정교하게 지어진 벌집처럼 제 기능을 잘 수행하고 있는 것인지 궁금해졌다. 이 벌들이 만든 벌집은 하나의 조직적이고 체계화된 완벽한 사회였다. 이 작은 벌집 안에 들어찬 벌들이 제 역할을 충실히 하는 것이 결국에는 하나의 거대한 꿀벌 사회를 이루고, 그 결과 봄

이 되면 또 한 송이의 어여쁜 꽃을 탄생시키는 데 일조하는 것이 아 닌가.

드러커는 나이가 들면서 몸이 불편해지자 자연스럽게 그의 관심 은 '사회생태학' 쪽으로 쏠릴 수밖에 없었다. 햇살이 눈부시게 비추 던 어느 봄날, 경제 일간지 기자 한 명이 드러커의 집을 방문했다. 거동이 불편해진 드러커는 겨우 현관문에 나가 기자를 반겼다. 기 자는 이날 드러커와 제법 긴 시간 동안 인터뷰를 했다.

"드러커 선생님, 선생님은 그동안 경영학의 산 같은 존재로 살아 오셨는데 선생님의 최종적으로 생각하고 계신 '경영'에 대한 생각 이 궁금합니다."

드러커는 기자가 하던 말을 중간에 멈추게 한 후 자신의 생각을 먼저 말했다.

"아…… 저는 물론 경영에 관한 책들을 많이 내고 연구해 왔지만 제가 경영에 관심을 갖게 된 진짜 이유는 바로 공동체와 사회가 서 로 밀접하게 연결되어 있기 때문입니다. 제 경영의 출발은 바로 거 기서부터지요."

기자는 드러커의 말뜻을 알 것도 같다는 듯이 고개를 가볍게 끄 덕였다. 그리고 질문은 약간 다른 방향으로 돌려 다시 질문을 했다.

"그렇다면 최근 선생님께서 큰 관심을 두고 계신 화두는 무엇입 니까?"

"나는 과거에는 기업의 사회적 책임을 주로 강조해 왔어요. 하지만 지금은 그 시각의 범위가 조금 더 넓어졌습니다. 지금은 기업이 할 수 있는 역할이 있고 사회가 해 줄 수 있는 역할이 있다고 생각해요. 기업이 모든 기능을 담당하기에는 한계가 있기 때문에 이런 기능을 대신해 줄 수 있는 단체가 필요하고, 그걸 바로 NGO가 담당함으로써 기업이 못 하는 부분을 보완해 줄 수 있다는 거지요. 그리고 사회는 지식 근로자들에게 역할과 지위를 부여해 주는 수많은 공동체가 있어요. 이 안에는 정부, 기업, 학교, 병원 등이 이에 해당되죠. 어떤 생명체의 순환에 의해 생태계가 유지되는 것처럼 우리 사회도 이런 다원사회 속에서 서로 각자 역할에 맞게 조직을 구성하고 제 몫을 다해 유기적으로 돌아가는 것이 결국에는 이 사회를 원활하게 만들겠죠."

기자는 이제는 병들고 쇠약해진 한 노교수였지만 그가 세상을 바라보는 통찰력과 혜안에 그만 놀랄 수밖에 없었다.

드러커는 인생 말년에는 스스로를 '사회생태학자'라고 칭할 정도로 자연 생태학자가 생물학적 환경을 연구하는 방법으로 인간이 만든 사회 환경을 연구하는 데 온 관심을 쏟았다.

드러커의 건강이 악화되면서 컨설팅의 대상도 기업에서 비영리 단체로 바뀌었고, 21세기에는 기업, 정부, 비영리 민간단체가 사회의 중심이 될 것을 예견하면서 비영리 단체의 바람직한 모습을 제시했다. 이런 주제를 다룬 『비영리 단체의 경영』(1990)을 출간하기도 했다. 드러커는 몸이 불편했지만 학자로서 저술 활동을 꾸준히 계속해 나갔다. 『자본주의 이후의 사회』(1993)에서는 앞으로는 탈자본주의 사회로 전환되고 그 사회에서 가장 중요한 자원은 바로 지식이며, 지식사회의 지식 근로자의 모습을 스스로 제시함으로써 20세기 후반 지식인 사회에 큰 화두를 던졌다.

그리고 드러커는 한국과 관련해 언급하기도 했는데, 자원이 없던 후진국이 교육 강조를 통해 성공적으로 산업 사회를 이룩한 대표적인 나라라고 표현했고, 자신이 주장한 지식이 가장 중요한 생산 요소라는 사실을 입증해 주는 대표적인 국가로 한국을 꼽았다.

21세기 지식경영의 핵심 지침서 역할을 한 『21세기 지식경영』(1999)은 세계 10대 경영 서적에 선정되기도 했다. 또 한 발 더 나아가 앞으로 다가올 미래에는 경제보다도 사회의 역할이 더욱 중요하게 부각될 것이라며 미래 사회를 전망한 『넥스트 소사이어티』(2002)를 출간하기도 했다. 드러커는 그 외에도 1997년 세계 최고의 잡지 『포브스』의 잡지 표지 모델로 선정되기도 했다.

2004년 어느 날, 『포브스』 기자는 오랜 시간 동안 인생을 살면서 드러커가 느꼈을 인생에 대한 생각들이 궁금했다.

"선생님께서는 인생을 살아오면서 하고 싶은 일들을 많이 성취하

셨을 거 같은데, 그래도 혹시 아쉽다거나 못다 한 일이 있습니까?"

기자의 질문에 드러커는 의외의 답변을 했다.

"인생은 언제나 후회투성이죠. 사람은 그래서 더 나은 미래를 설계하는 거 아니겠습니까? 생각보다 못 해 본 일이 많습니다. 여태껏 제가 썼던 책들보다 더 훌륭한 책들을 쓰고 싶었는데 저는 지금도 제가 다 쓰지 못한 책들이 너무 많지만 이제는 많이 늙고 몸도 불편해 더 이상 뭔가를 쓰는 게 어렵네요."

"그럼 은퇴라도?"

드러커는 기자의 말을 듣고 가만히 있다가 대답했다.

"은퇴라니요? 제가 살아 있는 한 은퇴는 없을 겁니다. 사람은 살아 있는 한 자신을 끊임없이 갈고 닦으며 주어진 삶을 열심히 살아야 할 의무가 있어요. 그래서 은퇴 후 제2의 인생이 중요하죠. 시간이 멈춘 후에는 긴 여행을 떠날 테지만……."

드러커는 인간의 수명이 길어지는 현상에 대해 분석하고 자기관리와 평생 학습의 중요성을 강조하면서 21세기에는 모든 지식 근로자들이 개개인의 경영자가 되어 주체적인 삶을 살아가야 한다고 주장했다.

"그렇다면 선생님께서는 마지막에 어떤 사람으로 기억되고 싶으세요?"

드러커는 거창하게 경영학 교수라든지, 컨설턴트란 복잡한 수식어 대신 비교적 간단한 말로 대신했다.

"자신의 목표를 달성할 수 있도록 도와준 사람으로 기억되고 싶군요."

이 시대 최고의 경영학의 구루(guru·스승)다운 대답이었다.

그 후에 드러커는 여러 공로를 인정받아 2001년 구세군이 민간인에게 수여하는 최고의 상인 '에반젤린 부스 상'을 수상했고, 2002년에는 드러커가 경영학에 대한 공로를 인정받아 조지 W. 부시 '대통령 자유 메달'을 받았고, 2003년에는 미국경영협회(AMA)로부터 '리더십 비저너리' 상을 수상하기도 했다. 하지만 2000년 오스트리아가 주는 명예상은 정치적인 이유로 끝까지 거부 의사를 밝히며 이 시대의 소신 있는 지식인다운 면모를 보여 주었다.

죽음은 때가 되면 시간의 소멸로 인해 생기는 자연스러운 과정이라 했던가. 드러커는 자신이 말한 대로 한평생 인간을 위한 경영을 펼치며 쉼 없이 달려오다 2005년 자신의 생일을 일주일 앞둔 11월 11일 95세의 일기로 영원히 오지 못할 먼 여행을 떠났다.

세계 방방곡곡에 흩어져 있던 외신들은 곧 경영학계의 가장 큰 별이 졌다며 애도를 표했다. 드러커는 때로는 날카롭고 또 때로는 뛰어난 통찰력으로 역사, 문학, 예술을 자유자재로 넘나들며 미래의 지식사회를 예견한 이 시대의 진정한 지식경영의 르네상스를 열었다.

그의 경영 철학은 늘 인간의 가치를 향해 열려 있었다. 비록 우리는 이 시대의 진정한 휴머니스트이자 위대한 경영학자를 한 명 잃었지만 경영학을 통해 누구보다도 먼저 인간의 행복을 추구하고 그들의 목표에 성큼 다가가 꿈을 이루게 해 주었던 피터 드러커, 그의 정신은 이 시대가 낳은 진정한 현대 경영의 구루로서 수많은 사람의 마음속에 살아 숨 쉬고 있을 것이다.

한 휴머니스트 학자를 기리며

> 그는 20세기 가장 위대한 경영사상가이다.
> — 잭 웰치·GE 전 회장
>
> 나에게 영향을 준 최고의 경영학자이다.
> — 빌 게이츠·마이크로소프트 창업자
>
> 우리 모두는 그에게 빚을 지고 있다.
> — 톰 피터스·경영컨설턴트
>
> 그는 1급 철학자이다.
> — 케네스 볼딩·경제학자, 사회철학자

　세계적 기업의 최고경영자들과 유명 석학들의 찬사는 누구를 향한 것일까. 바로 피터 드러커(1909~2005)이다.

　현대 경영학의 창시자이자 구루로 칭송받는 드러커는 휴머니스트였다. 드러커는 "경영은 인간의 삶을 위한 것"이라고 끊임없이 강조했다. 그는 기업의 직원들을 '종업원'이 아니라 '지식 근로자'로 격상시켰다. 시장 경제에 대한 정부의 개입을 강조한 영국의 경제학자인 존 케인스(1883~1946)가 '숫자의 경제학'이었다면, 다소 생소하게 들릴지는 모르지만 드러커는 '사람의 경제학'을 펼친 사람이었다. 우리는 현재, 과거, 미래를 살아가지만 그중 지난 1세기 동안 인류는 욕망과 격변의 한 세기를 살았다 해도 과언이 아니다. 짧은 시기에 큰 전쟁을 두 번이나 치르고 그 사이에 닥친 경제 대공황은 인류를 또 한 번의 재앙으로 몰아넣기에 충분했다.

모든 게 첫 경험이었던 지난 1세기를 살아내면서 인류는 성숙하지 못한 시기를 보냈는지도 모른다. 때로는 돌이킬 수 없고, 또 때로는 역사에서 지울 수 없는 상처를 남겼지만 그때마다 최선의 선택을 하며 버텨 냈던 시간들이다. 그리고 그동안 경험한 시행착오를 거울 삼아 지금 이 시대를 꿋꿋이 잘 살아내고 있는지도 모른다.

드러커는 이런 혼란기 속에서도 주어진 운명을 스스로 개척해 나가며 도전을 멈추지 않았던 인물이었다. 그는 살아가는 동안 기자, 작가, 출판업자, 은행원, 교수, 컨설턴트, 생태학자 등 수많은 직업을 거쳤다. 세계 1·2차 대전과 경제 대공황이란 격동의 시대를 살아가면서 어쩔 수 없이 직업을 바꾼 경우도 있었지만, 그보다는 새로운 경험과 도전을 두려워하거나 결코 망설이지 않는 그의 기질 탓이었다. 자신이 쓴 최고의 책을 꼽아 달라는 질문에 "바로 다음에 나올 책"이라고 답했던 일화는 너무도 유명하다.

드러커는 또한 학문의 경계도 쉽게 용납하지 않는 사람이었다.

그는 3년 혹은 4년마다 다른 주제를 선택하여 공부했다. 국제 관계와 사회 제도, 역사와 금융, 자연과학, 통계학, 일본과 페루 미술 등 드러커는 60년 넘게 한 가지씩 매번 새로운 주제를 선정해 스스로 배웠다. 이 같은 독특한 공부법은 90세가 넘어서까지 계속 이어지며 끊임없이 배우고 갈망하고 도전해 스스로를 발전시켜 나갔다.

피터 드러커는 또한 복잡하고 혼란스러운 시기에도 구경꾼 기질을 발휘해 자신만의 길을 개척해 나간 사람이었다. 남의 이야기를 경청하고 사회를 관찰함으로써 남들이 보지 못하고 지나치기 쉬운 것들을 잘 파악해 냈던 이 시대의 관찰자이기 이전에 위대한 구경꾼이었다. 그의 사회와 인간에 대한 날카롭고 유쾌한 시선들은 결국 현대 경영학을 태동시켰다. 하지만 그는 스스로 경영학을 발명하지 않았다고 겸손하게 말한다. 그가 말하는 인류 최초의 경영가는 4000년 넘은 지금까지 우뚝 서 있는 피라미드 건축가일지도 모른다고 말하기도 했다.

사실 경영학은 오래전부터 존재해 왔다. 하지만 많은 연구를 통해 구체적인 방법론을 제시하고 미래의 기업 역할을 강조하며 경영의 큰 틀을 완성시킨 사람은 드러커였고, 경영을 뚜렷한 직업으로 체계화시켰다는 점에서는 과거의 경영과 확연한 차이가 있다. 드러커는 앞으로의 미래 사회에서는 지식 근로자가 생산 요소에 많은 영향을 미칠 수 있고, 이 지식 역할을 하는 사람을 '경영자'라고 정의 내리고, 이런 경영자가 되기 위해 배우는 학문이 '경영학'이라 했다. 그는 사람이 곧 기업의 재산이고 기업이 이들에게 집중하는 것이 결국에는 생산성 증대를 가져온다고 믿었다. 한때 기업들을 향해 "노동자들을 부품이 아닌 인간으로 대우하라"고 외친 그의 소신 있는 발언을 두고 그를 다소 몽상가로 치부하기도 하지만 나는 그의 이런 시선들이 참 따뜻하고 아름답게 느껴진다. '인간을 위한 경영'을 끝없이 외친 드러커는 어쩌면 '현대 경영학의 창시자' 이전에 이 시대가 낳은 또 다른 박애주의자는 아니었을까.

수년째 세계 경제가 요동치고 있다.

유럽에서 시작된 금융 위기는 미국과 중국을 거쳐 한국 경제에도 큰 파장을 남길 태세다. 최근의 경제 위기가 두려운 것은 일시적인 침체가 아니라 상시적인 침체로 자리 잡고 있다는 점이다. 이럴 때 가장 생각나는 이가 바로 피터 드러커다.

드러커는 떠났지만 그가 남긴 휴머니즘 경영학은 온전히 남아 있다. 그는 마지막까지 '위대한 경영학자'보다는 '누군가의 목표를 이루도록 도와준 사람'이라고 불리기를 원했다. 경영학을 연구하는 그의 최종 목표는 '행복한 삶의 실현'이었다. 그리고 그는 개인이 행복해지려면 경제적 안정이 필요한데, 기업이 이윤을 올리고 번영해야 그것이 가능하다고 생각했다.

20세기 마지막 휴머니스트, 드러커가 더욱 생각나는 시기다.

2012년 어느 여름날에……

박선민

피터 드러커 연보

1909년   11월 19일 오스트리아 빈에서 출생

1919년   빈 김나지움 입학

1927년   빈 김나지움 졸업. 독일 함부르크 대학 법학부 입학, 학업
          도중 수출상사 견습생으로 근무

1929년   프랑크푸르트 대학 법학부로 전학. 미국 증권회사의 프랑크
          푸르트 지점 근무, 『프랑크푸르트 게네랄 안차이거』 근무

1931년   프랑크푸르트 대학 법학 박사 학위 취득

1933년   런던의 보험회사 및 은행에 근무. 케인스가 케임브리지에
          서 주최하는 경제학 세미나에 정기적으로 참석

1937년   도리스 슈미츠와 결혼. 영국 신문사 컨소시엄의 미국 특파
          원 및 영국과 유럽의 은행 컨소시엄의 고문으로 미국으로
          이주

1939년   뉴욕 주 사라로렌스 대학에서 경제학 및 통계학 강의. 일
          반 대중을 상대로 한 최초의 저서 『경제인의 종말』 출판

1942년   버몬트 주 베닝턴 대학의 철학 및 정치학 교수로 부임
          (1949년까지 근무)

1943년	GM에 대한 컨설팅(1946년까지). 미국 국적 취득
1947년	마셜 플랜의 고문 자격으로 유럽 여행 및 유럽 부흥 계획 수립 참여
1950년	뉴욕 대학교 경영학부 교수(1971년 정년 퇴직). 뉴욕 대학교 재직 중 총장상 수상. 『하버드 비즈니스 리뷰』에 첫 기고
1951년	GE 및 LBM 등에 대한 컨설팅
1954년	미국 정부의 요청으로 한국의 교육 부흥 계획 수립을 위해 처음으로 한국 방문
1959년	일본 최초 방문(이후 1993년까지 1~2년마다 방일). 일본 기업 방문 및 일본화 수집
1962년	아메리카 매니지먼트 소사이어티로부터 웰레스 클라크 상 수상
1966년	일본 정부로부터 훈장 서훈
1967년	아메리카 매니지먼트 소사이어티로부터 테일러 키 상 수상
1971년	캘리포니아 주 클레어몬트 경영대학원 사회과학부 클라크 석좌교수로 부임
1975년	『월스트리트저널』과 20년간 사설 기고 계약
1977년	두 번째로 한국을 방문하여 세계 중소기업 대회에서 주제 발표
1979년	뉴욕과 시애틀에서 일본화 컬렉션 전시. 포모나 대학에서

동양미술 강의(1985년까지 강의)

1986년   일본에서 드러커 컬렉션 전시

1987년   클레어몬트 경영대학원의 명칭을 피터 F. 드러커 경영대
          학원으로 개명

1990년   드러커 비영리 재단 설립 및 명예 이사장 취임

1994년   하버드 대학교에서 고드킨 석좌 강좌로 강의

1997년   『포브스』 표지 모델

1999년   『비즈니스위크』, 『21세기 지식경영』을 1999년도 10대 경
          영 저서로 선정. 오스트리아 정부는 90세를 맞은 드러커를
          기념하여 홈페이지 개설

2000년   빈 경제대학교가 수여하려는 명예박사 학위 거부(오스트
          리아에 나치즘 성향의 극우연립정부가 출범한 것에 대한
          항의 표시라는 뜻을 밝힘)

2001년   구세군으로부터 비영리 부문의 발전에 기여한 공로로 구
          세군이 민간인에게 수여하는 최고 영예인 에반젤린 부스
          상을 수상. 선톱미디어가 격년으로 선정하는 '세계에서 가
          장 중요하고 영향력 있는 경영사상가 50'에서 1위

2002년   봄 학기에 피터 F. 드러커 경영대학원의 마지막 강의. 『비
          즈니스위크』는 드러커를 "우리 시대 경영사상가로서 가장
          지속적으로 영향을 미치고 있는 사람"이라고 극찬. 조지

부시 대통령으로부터 미국 정부가 민간인에게 수여하는 최고 영예인 대통령 자유 메달 수여

2003년   피터 F. 드러커 경영대학원의 Executive MBA 강의 종료. 선톱미디어의 '세계에서 가장 중요하고 영향력 있는 경영 사상가 50'에서 2회 연속 1위. 미국경영협회(AMA)로부터 리더십 비저너리 상 수상

2004년   피터 F. 드러커 경영대학원을 피터 F. 드러커 & 마사토시 이토 경영대학으로 개명

2005년   『하버드 비즈니스 리뷰』는 2005년도 동 잡지에 기고한 논문 중 드러커의 「목표를 달성하는 최고경영자의 조건」을 최우수 경영 논문으로 선정하고 맥킨지 상 수여(2004년까지 36편 게재, 맥킨지 상 7회 수상)

11월 11일, 95세로 타계

현대 경영학의 창시자
피터 드러커

© 박선민, 2012

초판 1쇄 인쇄 2012년 7월 5일
초판 1쇄 발행 2012년 7월 20일

지은이   박선민
펴낸이   강병철
주간   정은영
편집   사태희 윤민혜 한승희
제작   고성은 김우진
마케팅   조광진 장성준 박제연 이도은 전소연
E-사업부   정의범 조미숙 이혜미

펴낸곳   자음과모음
출판등록   1997년 10월 30일 제313-1997-129호
주소   121-840 서울시 마포구 서교동 396-33
전화   편집부 02) 324-2347 경영지원부 02) 325-6047
팩스   편집부 02) 324-2348 경영지원부 02) 2648-1311
이메일   jamoteen@jamobook.com
홈페이지   www.jamo21.net

ISBN 978-89-5707-668-2 (44990)
      978-89-5707-093-2 (set)